MATTHIAS F. MANGOLD

# DIE *schwäbische* KÜCHE

Regionale
Spezialitäten

MATTHIAS F. MANGOLD

# DIE *schwäbische* KÜCHE

## Regionale Spezialitäten

FOTOS VON MICHAEL SCHINHARL

KOSMOS

# DIE SCHWÄBISCHE KÜCHE

## DAS IST *wirklich* WICHTIG

**DARAUF KOMMT'S AN!** Hier erläutern wir alles, was zum Gelingen des Rezepts wirklich wichtig ist. Wo es sinnvoll ist, mit Bild, sonst auch ohne.

zum

# SCHWÄBISCHES GENIESSEN

## *bodenständig, kreativ, einfach gut*

SPÖTTER BEHAUPTEN, DEM SCHWABEN SCHMECKE ALLES – WENN NUR GENÜGEND SAUCE DABEI SEI. GANZ LEUGNEN LÄSST SICH DAS NICHT, KOMMT DOCH DAS NATIONALGERICHT, DIE SPÄTZLE, NICHT OHNE SIE AUS.

Doch wenn an diesem Klischee auch was Wahres dran ist: Zwischen Hohenlohe und Bodensee, Schwarzwald, Allgäu und Schwäbischer Alb findet sich die wohl vielfältigste Regionalküche Deutschlands. Das liegt einerseits an den unterschiedlichen klimatischen Gegebenheiten – die raue Alb, der sonnige Süden, Berge, Flusstäler mit Steillagen –, sicher aber auch an den wechselnden politischen oder nationalen Einflüssen. Mal war ein Landstrich fränkisch regiert, mal französisch, es zogen Schweden durch, man war in den Spanischen wie auch in den Pfälzischen Erbfolgekrieg verwickelt.

Nun ist der Schwabe zwar meist kein offensiver, nach außen gehender Genießer; trotzdem lässt sich der Vorwurf, er sei nicht bereit, für gutes Essen gutes Geld auszugeben, leicht widerlegen: Nirgends in Deutschland gibt es eine größere Dichte an Sternerestaurants als in Baden-Württemberg. Und wenn man nur mal die vielen Feinschmeckerlokale zählt, die sich allein im Großraum Stuttgart angesiedelt und erfolgreich etabliert haben.

Ein Blick auf das kulinarische Umfeld zeigt also deutlich, dass diese Klischees ihre Relativierung finden. Bodenständigkeit und Tradition sowie Genuss, Kreativität und Zeitgemäßes – sie kommen hier gut miteinander aus und ergänzen sich bestens, ganz ohne Chichi. Heimat und Herkunft sind wichtig, und das zeigt sich auch in den Produkten, die im Ländle erzeugt werden.

Wir haben möglichst typische Gerichte und Spezialitäten der Region zusammengestellt und auch mal kreativ variiert: für jeden Tag, für besondere Anlässe, fürs Vesper und zum Nachtisch. Mit den besten Zutaten aus heimischer Produktion, über die wir Ihnen auch einiges erzählen. Wer selbst aus dem Ländle stammt, wird sicher Vieles wiedererkennen, was schon die Großmutter auf den Tisch gebracht hat. Und vielleicht feststellen, dass es etwas anders zubereitet war als in unseren Rezepten beschrieben.

Schwaben sind eben Tüftler. Grundrezepte zu verändern, lag schon immer in ihrer Natur – und das ist auch gut so. Lassen Sie es sich schmecken!

# EBBES OIFACHS
## *gut gevespert*

DIE SCHWABEN HABEN JA SCHON IMMER GEWUSST, DASS DIE EINFACHSTEN GENÜSSE MITUNTER DIE BESTEN SIND – NICHT NUR BEI EINER SCHÖPFERISCHEN PAUSE NACH GETANER ARBEIT.

# TELLERSÜLZE *mit Gemüse*

EIN BELIEBTES VESPERGERICHT, DAS MAN IN WEINSTUBEN UND BESENWIRTSCHAFTEN IMMER AUF DER SPEISEKARTE FINDET.

**Zutaten für 4 Portionen**

- 4 – 6 Schweinefüße
- 200 g Suppengemüse (Lauch, Karotte, Sellerie)
- 400 g Schweinefleisch (Schulter)
- 10 schwarze Pfefferkörner
- 4 Wacholderbeeren
- 2 Pimentkörner
- 1 Lorbeerblatt
- 2 Scheiben Ingwer
- 100 ml Weißweinessig
- Salz

**Zeitbedarf**

- 20 Minuten + 2 Stunden garen + 6 Stunden kühlen

**So geht's**

1. Die Schweinefüße halbieren **[→ a]**. Das Suppengemüse putzen, waschen, gegebenenfalls schälen. Lauch und Sellerie würfeln, die Karotten in dünne Scheiben schneiden.
2. In einem großen Topf Schweinefüße, Schweinefleisch, Gemüse und alle weiteren Zutaten mit 1,5 l Wasser zum Kochen bringen, die Hitze reduzieren und ca. 2 Stunden garen.
3. Wenn das Fleisch weich ist, aus dem Sud nehmen und kurz abkühlen lassen. Danach in feine Scheiben schneiden. Mit einem kleinen Messer die mageren Teile der Schweinefüße ablösen und mit den Fleischscheiben auf 4 Suppenteller verteilen. Die Brühe durch ein Sieb gießen, dabei die Flüssigkeit auffangen. Etwas vom Gemüse ebenfalls in die Suppenteller geben.
4. Die Brühe erkalten lassen und die Fettschicht entfernen **[→ b]**. Die entfettete Brühe über Fleisch und Gemüse gießen, sodass möglichst alles gut bedeckt ist. Im Kühlschrank mindestens 6 Stunden durchziehen lassen.

Dazu passen Bratkartoffeln besonders gut. Man isst die Tellersülze auch gerne mit sauren Gürkchen und hart gekochten Eiern, die man auch schon bei der Zubereitung, in Scheiben geschnitten, mit dem Fleisch auf den Tellern verteilen kann.

DAS IST *wirklich* WICHTIG

**[a] SCHWEINEFÜSSE** sorgen dafür, dass die Sülze geliert. Sie müssen der Länge nach halbiert werden, am besten gleich vom Metzger.

**[b] ENTFETTEN** Nach dem Erkalten lässt sich die Fettschicht mit Küchenpapier aufsaugen oder mit einem Löffel abschöpfen.

# INNERE EINKEHR

## *das schwäbische Vesper*

BROTZEIT MACHEN, EINE PAUSE BEIM ARBEITEN EINLEGEN: DAS GIBT ES FAST ÜBERALL. IM „LÄNDLE" HEISST ES VESPER UND IST KEINESWEGS ETWAS, DAS MAN NEBENBEI ERLEDIGT – ZUMINDEST TRADITIONELL.

Das Vespern ist eine Art ritueller Akt, bei dem der Schwabe nicht gestört werden möchte, nicht spricht, sondern seinen Gedanken nachhängt. Eine innere Einkehr, eine echte Pause vom „Schaffen". Gevespert wird morgens, aber durchaus auch nachmittags oder am Abend. Früher, als Termindruck und Arbeitsablaufoptimierung noch echte Fremdworte waren, gingen die Handwerksmeister (die hatten ja Geld) morgens gegen zehn Uhr ins nächstgelegene Wirtshaus, bestellten sich einen Schoppen und dazu ein ordentliches Vesper: Knöchle, saure Nierle, Ripple, Tellersulz, Backstoikäs, Laugenbrezeln, Seelen – die Auswahl war reichlich, aber stets kalt. Handwerker oder Arbeiter auf dem Bau brachten sich ihr Vesper von zu Hause mit. Und wenn es auch einfacher zuging als im Wirtschäftle und Bier anstatt Wein getrunken wurde, am Ritual an sich war nicht zu rütteln.

Vespern und Schaffen gehören zusammen, was zahlreiche schwäbische Sprichwörter belegen: „Guat g'vespert isch scho halb g'schafft" oder „Wie oiner veschpert, so schafft'r". Aber auch „Je härter oiner schafft, desto oifacher veschpert er". Denn tatsächlich hatten Leute mit wirklich harten Jobs, wie z. B. Bauern, stets ein sehr karges Mahl dabei: Rettich, Brot, Zwiebeln. Dazu gab's sauren Most.

Die moderne, internationalisierte Welt hat natürlich auch um das Ländle keinen Bogen gemacht, und das Vespern nimmt nicht mehr den Raum ein, den es mal hatte. Doch schwäbische Lokale und Weinstuben bieten heute noch immer eine gute Auswahl an traditionellen Vespergerichten an. Und auf dem Land findet man ihn noch ab und an, den dazu passenden Vesperer. Morgens, gegen zehn Uhr.

DAS IST *wirklich* WICHTIG

**[a] DIE KUTTELN** mit einem scharfen Messer in schmale Streifen (ca. 5 mm breit) schneiden.

**[b] TOMATEN** Wen die Haut stört, der kann die Tomaten auch kurz in kochendes Wasser tauchen, kalt abschrecken, enthäuten und dann dazugeben.

[a]

# SAURE KUTTELN
## *in Weißwein*

IM SCHWÄBISCHEN AUCH EIN TRADITIONELLES FASNETGERICHT, DÜRFEN SAURE KUTTELN AUF KEINER VESPERKARTE IM LANDE FEHLEN.

### Zutaten für 4 Portionen

- 800 g vorgegarte Kutteln (vom Metzger)
- 1 große Zwiebel
- 2 EL Butterschmalz
- 2 EL Mehl
- 1 l Fleischbrühe
- Wacholderbeeren
- 2 Lorbeerblätter
- ⅛ l Weißwein oder Most
- 1 Prise Zucker
- schwarzer Pfeffer aus der Mühle
- Salz
- 3–4 EL Weinessig

### Zeitbedarf

- 25 Minuten + 50 Minuten garen

### So geht's

1. Die vorgegarten Kutteln in Streifen schneiden [→ a]. Die Zwiebel häuten und in kleine Würfel schneiden.
2. Das Butterschmalz in einem großen Topf erhitzen, das Mehl dazugeben und unter Rühren goldbraun anschwitzen. Die Zwiebelwürfel zugeben und bei mittlerer Hitze glasig werden lassen. Mit der Brühe ablöschen, die Gewürze hinzufügen und alles 30 Minuten leise köcheln lassen.
3. Die Kutteln und den Wein in den Topf geben und weitere 20 Minuten ziehen lassen. Die Lorbeerblätter herausnehmen. Am Ende sollen die Kutteln weich, aber doch noch so bissfest sein, dass sie nicht auseinanderfallen.
4. Die Kutteln mit Zucker, Pfeffer, Salz und Essig abschmecken und anrichten.

Dazu passt ein Bauernbrot sehr gut.

### Die Variante

**Kutteln mit Gemüse**
1 Zwiebel, 3 Karotten und 100 g Staudensellerie putzen, schälen, würfeln und in etwas Olivenöl anbraten. 3 klein geschnittene Tomaten [→ b] dazugeben und mitschwenken. 500 g vorgegarte, in feine Streifen geschnittene Kutteln in den Topf geben, mit 200 ml Riesling ablöschen. 100 ml Brühe angießen und ca. 10 Minuten köcheln lassen. Dann 1 Becher Sahne zugeben, mit Salz, Pfeffer und frischem Oregano würzen.

**KUTTELN werden aus Pansen (den Vormägen der Rinder) hergestellt. Man muss sie heute nicht mehr in stundenlanger, geruchsintensiver Weise zu Hause kochen, bis sie weich sind – man kauft Kutteln einfach vorgegart beim Metzger.**

DAS IST *wirklich* WICHTIG

**[a] ROTSCHMIERE** Die obere Schicht mit einem Messer abschaben. Je mehr davon erhalten bleibt, desto cremiger wird die Käsemischung, allerdings auch etwas klebriger in der Konsistenz.

**[b] VORBEREITEN** Im Kühlschrank lässt sich der angemachte Käse gut einige Tage aufbewahren. 1 Stunde vor dem Servieren herausnehmen.

[a]

# BACKSTEINKÄSE
## *mit Lauchzwiebeln*

DER NAME BEZIEHT SICH AUF DIE LÄNGLICHE FORM DES KÄSES. DIESE ZUBEREITUNGSART IST GANZ TYPISCH FÜR DAS SCHWÄBISCHE VESPER.

### Zutaten für 4 Portionen

- 300 g Romadur (oder Limburger)
- 60 g weiche Butter
- Salz
- schwarzer Pfeffer aus der Mühle
- 2–3 Lauchzwiebeln
- 2 EL Weißweinessig
- 2 EL Gemüsebrühe
- 2 EL Raps- oder Sonnenblumenöl
- Schnittlauch nach Belieben

### Zeitbedarf

- 15 Minuten + 15 Minuten ziehen lassen

### So geht's

1. Mit einem Messer vom Käse die Rotschmiereschicht abschaben [→ a]. Den Käse und die weiche Butter in einer flachen Schüssel mit einer Gabel zerdrücken, dann mit Salz und Pfeffer würzen.
2. Die Lauchzwiebeln putzen. Das Weiße davon fein hacken, das helle Grün in feine Ringe schneiden. Mit dem Käse vermengen.
3. Den Weinessig, die Gemüsebrühe und das Öl gut miteinander verrühren. Über den Käse geben und 15 Minuten durchziehen lassen [→ b]. Nach Belieben etwas Schnittlauch waschen, trocken schütteln, in feine Röllchen schneiden und über den Käse streuen.

Dazu passt Bauernbrot. Traditionellerweise würde der Schwabe dazu Most trinken, doch ein Glas Riesling schmeckt auch.

### Die Variante

**Eingelegter Ziegenkäse**
Aus 4 EL Olivenöl, 3 EL gehackten Küchen- und Wildkräutern (z. B. Basilikum, Thymian, Rosmarin, Gundermann, Brennnessel), dem Saft 1 Limette, Salz und Pfeffer eine Marinade rühren, 4 Scheiben Ziegenfrischkäse (à 100 g) darin einlegen und durchziehen lassen.
Schmeckt gut zu verschiedenen Blattsalaten, die man mit einer Vinaigrette aus Olivenöl, Weinessig, etwas Senf, Salz, Pfeffer und einer Prise Zucker anmacht und mit gerösteten Sonnenblumenkernen garniert.

**DIE ROTSCHMIERE** **sorgt für die Entwicklung des ausgeprägt würzigen Aromas. Je nach Reifegrad schmeckt der Käse recht mild bis sehr kräftig. Zum Ausprobieren für „Einsteiger" lieber einen jüngeren Käse verwenden, der noch nicht sein vollreifes Aroma entwickelt hat.**

# KARTOFFELSALAT
## *mit Frühlingszwiebeln*

IN SCHWABEN MAG MAN DEN KARTOFFELSALAT MIT EINER MARINADE AUS BRÜHE, ESSIG UND ÖL ANGEMACHT, ALSO NASS UND AM LIEBSTEN LAUWARM.

**Zutaten für 4 Portionen**

- 1 kg festkochende Kartoffeln
- Salz
- 2 Zwiebeln
- 6 EL Öl
- ⅛ l Fleischbrühe
- 4 EL Essig
- 2 Frühlingszwiebeln
- Pfeffer aus der Mühle
- ½ Bund Kerbel

**Zeitbedarf**
- 20 Minuten + ca. 25 Minuten garen

**So geht's**

1. Die Kartoffeln unter fließendem Wasser abbürsten und in Salzwasser je nach Knollengröße 20 – 25 Minuten garen.
2. In der Zwischenzeit die Zwiebeln abziehen und fein hacken. In einer Pfanne 2 EL Öl erhitzen und die Zwiebelwürfelchen darin anbräunen.
3. Die Fleischbrühe in einem kleinen Topf erhitzen. Das restliche Öl mit Essig vermischen. Die Frühlingszwiebeln putzen, waschen, die weißen Teile fein würfeln, ⅓ vom Grün in dünne Ringe schneiden.
4. Die fertig gegarten Kartoffeln abgießen, ganz kurz abkühlen lassen, schälen und in Scheiben schneiden. Sofort mit der Fleischbrühe mischen, damit sie gut einziehen kann. Die Zwiebelwürfelchen und die Essig-Öl-Mischung darübergeben, zum Schluss die Frühlingszwiebeln. Mit Salz und Pfeffer abschmecken. Kerbel waschen, trocken schütteln, die Blättchen abzupfen, grob hacken und über den Kartoffelsalat streuen.

Passt besonders gut zu Maultaschen und Fleischküchle.

**SO SCHMECKT'S AUCH** Optisch ansprechend, aber auch geschmacklich interessant wird der Kartoffelsalat, wenn man farbige Sorten – blau, schwarz, lila, rot, gelb – verwendet. Unter das Dressing kann man zusätzlich 1 TL mittelscharfen oder grobkörnigen Senf rühren.

# SAURE RÄDLE *einfach gut*

SIE SIND NICHT NUR ALS BEILAGE FÜR VIELE GERICHTE GEEIGNET, SONDERN KÖNNEN DURCHAUS AUCH SOLO ALS HAUPTDARSTELLER BRILLIEREN.

**Zutaten für 4 Portionen**

- 1 kg vorwiegend festkochende Kartoffeln
- Salz
- 1 TL Kümmel
- 2 Zwiebeln
- 1 EL Butterschmalz
- 2 EL Mehl
- 800 ml Fleisch- oder Gemüsebrühe
- Schale von ½ Bio-Zitrone
- 1 Lorbeerblatt
- 2 Nelken
- 8 Pfefferkörner
- 1 TL mittelscharfer Senf
- 2–3 EL heller Essig
- Pfeffer aus der Mühle

**Zeitbedarf**

- 25 Minuten + 30 Minuten garen

**So geht's**

1. Die Kartoffeln waschen, in Salzwasser mit Kümmel gar kochen. Die Zwiebeln abziehen und fein würfeln. Schmalz in einer tiefen Pfanne zerlassen und die Zwiebelwürfel glasig andünsten. Das Mehl portionsweise darüberstäuben und bei mittlerer Hitze rösten, bis das Fett das Mehl aufgenommen hat und die Zwiebeln goldbraun sind.
2. Die Brühe angießen. Mit einem scharfen Messer oder einem Zestenreißer die Zitronenschale ablösen und mit Lorbeerblatt, Nelken und Pfefferkörnern zur Brühe geben. 30 Minuten leise köcheln lassen. Lorbeerblatt und Nelken herausnehmen und die Brühe mit Senf, Essig, Pfeffer und Salz abschmecken.
3. Die gekochten Kartoffeln pellen, etwas ausdampfen lassen und in ca. 1 cm dicke Scheiben in eine große Schüssel schneiden. Die Brühe dazugeben, vorsichtig durchmischen, damit die Kartoffelscheiben nicht zerfallen. Eventuell mit Essig abschmecken.

Saure Rädle passen gut zu Siedfleisch, zu Brühwürsten, zu Scheiben von Leber- und Blutwurst, auch zu gebratenem Bauchspeck. Sie sind aber auch als Beilage zu gegrilltem Fleisch und Fisch geeignet. Als leichte Variante kann man die sauren Rädle mit einem Salat aus Wildkräutern servieren.

**DIE BRÜHE** **Es gibt schwäbische Hausfrauen, die auf eine Zubereitung mit der doppelten Menge an Brühe schwören. Vor allem, wenn die Kartoffeln bereits am Vortag gegart wurden und man sie in der Brühe wieder erwärmt.**

pen der märkischen Bäcker wurde die Brezel im
en Landen, wo es ein Brot, eine Backschaufel oder
haften waren. Dieses Wahrzeichen der Berliner
der Umgebung wurde zum ersten Mal in einem
es Doms zu Havelberg aus dem Jahre 1527 so
rte vergoldet."
er" von Dr. W. Kley aus dem Jahre 1907
ittelalterlichen lateinischen Wort „brachiola"
r" bedeutet. Später wandelte es sich über
" in Bretzel und Brezel. Die Brezel sollte
gen Gläubigen darstellen. Sie war damals
vornehmlich bei religiösen Festen und
besagt, daß die Brezel das Sonnenrad
sollte.
Brezeln weiter und es entstanden ver-
der Berliner Bäckerinnung empfahl
nige Recht für das Brezelbacken zu
ge befreien könne. Offensichtlich
elbäcker gab es bald überall in
26

# LAUGENBREZELN

## *Schwäbisches Kunsthandwerk*

OB BEI OFFIZIELLEN EMPFÄNGEN, AUSSTELLUNGSERÖFFNUNGEN ODER LESUNGEN – DIE BREZEL IST ÜBERALL ANZUTREFFEN, MAL MIT, MAL OHNE BUTTER UND MEIST VON EINEM GLAS WEIN BEGLEITET.

Für eine gute schwäbische Brezel nimmt man viele Umwege in Kauf. Denn ihre Herstellung ist eine Kunst, sowohl was den Geschmack als auch die Form betrifft. Leicht kross außen, besonders an den dünnen „Ärmchen“, innen fluffig, nie hart oder trocken: ein Glanzstück schwäbischer Bäckerkunst.

Seit dem frühen 14. Jahrhundert ist die Brezel das Wahrzeichen der Bäckerzunft. Ein versierter Brezelbäcker hat in langen Jahren gelernt, die Teigenden mit den Händen in der Luft auseinanderzuziehen, dieses in seiner Mitte dicke „Seil“ im 180-Grad-Winkel um die eigene Längsachse zu rotieren und auf dem bemehlten Brett sanft abzuwerfen, um dann die dünnen Ärmchen anzudrücken. Nach dem Eintunken in die Lauge fehlt nur noch das aufgestreute Salz und der klare Längsschnitt am Bauch, der sogenannte Ausbund, eine Sollbruchstelle beim Backen.

Die Brezel, deren Geschichte sich bis ins frühe Mittelalter zurückverfolgen lässt, ist in ganz Süddeutschland und bis Österreich verbreitet. Und gerade Schwaben und Bayern streiten gerne darum, wem die Ehre der „echten und wahren“ Brezel gehört. Schwäbische Brezeln sind mit ihrem charakteristischen Rot-Braun dunkler und im Körper dicker als bayerische. Bayerische Brezelbäcker setzen die Ärmchen hoch am Körper an, schwäbische eher tief, was den massiven Mittelteil zusätzlich betont. Während man in Schwaben gerne die Brezel mit Butter bestrichen isst, bevorzugt der Bayer sie pur zum Bier – oder sie wird überall in Vesper und Brotzeit eingebunden.

Die Brezel, ehedem eine religiöse Fastenspeise und gedacht als Gegenentwurf zum Laster der Völlerei, hat sich von ihrem ursprünglichen Sinn eigentlich gar nicht so sehr entfernt, zumindest bei den Schwaben nicht. Eine Brezel ist Reduzierung, das aber gut. Sie ist präsente Begleitung, fällt aber nicht auf. Einfach ideal!

# LAUGENBREZELN

## *gelungen geschlungen*

MIT EINER WEICHEN DICKEN MITTE, DIE „LACHT“, UND MIT KNUSPRIGEN ÄRMCHEN – SO MUSS SIE SEIN, EINE ECHTE SCHWÄBISCHE BREZEL.

**Zutaten für 15 Brezeln**

- 200 ml warme Milch
- 1 Würfel Hefe (42 g)
- ¼ TL Zucker
- 500 g Weizenmehl
- 1 TL Salz
- 1 EL weiche Butter
- ⅛ l 4 %ige Natronlauge (Apotheke, Bäcker)
- grobes Meersalz zum Bestreuen

**Zeitbedarf**

- 20 Minuten + 60 Minuten ruhen + 30 Minuten backen

**So geht's**

1. Die Milch erwärmen. 4 EL davon in einer Tasse mit der zerbröckelten Hefe und dem Zucker zu einem Vorteig verrühren. Ein paar Minuten gehen lassen.
2. Das Mehl in eine Schüssel geben, mit dem Vorteig, der restlichen Milch, Salz und der Butter zu einem glatten, eher festen Teig verkneten. Mit einem Tuch bedeckt an einem warmen Ort gehen lassen, bis sich das Volumen verdoppelt hat.
3. Den Teig auf einer bemehlten Arbeitsfläche zu einer Rolle formen und in 15 gleich große Stücke schneiden. Jedes davon zu Strängen von ca. 50 cm Länge rollen, wobei die Enden deutlich dünner sein sollen als die Mitte.
4. Die Teigstränge zu Brezeln schlingen **[→ a]** und an einem kühlen Ort ohne Abdeckung etwas ruhen lassen, damit sie ein wenig antrocknen. Den Backofen auf 180 °C (Umluft 200 °C) vorheizen.
5. Die Lauge in einem Topf mit 1 Liter Wasser verdünnen und erwärmen. Die Brezeln einzeln in die Lauge tauchen **[→ b]** und auf mit 2 Lagen Backpapier ausgelegtes Blech legen. Mit grobem Meersalz bestreuen. Die Brezeln an der dicksten Stelle in der Mitte längs einschneiden **[→ c]**.
6. Das Blech in den Ofen schieben und die Brezeln ca. 30 Minuten backen. Darauf achten, dass die dünnen Teile nicht zu dunkel werden.

**SO SCHMECKT'S AUCH** **Man kann beim Ansetzen des Teiges auch Wasser anstelle von Milch verwenden. Die Butter kann durch Schweineschmalz ersetzt werden.**

DAS IST *wirklich* WICHTIG

**[a] BREZEL SCHLINGEN** Die dünnen Enden einmal mittig verschlingen und jeweils auf einer Seite des dicken Mittelteils ablegen.

**[b] LAUGE** Die Brezeln am besten mit einer Schaumkelle aus Kunststoff in die Lauge tauchen. Dabei Einmal-Handschuhe tragen, damit die Hände nicht in Kontakt mit der Lauge kommen.

**[c] EINSCHNEIDEN** Für die typisch schwäbische Optik die Brezel mit einem scharfen Messer an der dicksten Stelle tief einschneiden.

# SEELEN
## *Schwäbisches Baguette*

MIT DIESEN KNUSPRIGEN BROTEN WURDEN FRÜHER UM ALLERSEELEN DIE ARMEN VERKÖSTIGT – DAS VERSPRACH GUTE ERNTEN IM NÄCHSTEN HERBST.

**Zutaten für ca. 10 Seelen**

- 500 g Weizenmehl Typ 1050
- 500 g Dinkelmehl
- 1 Würfel Hefe
- 700 ml lauwarmes Wasser
- 1 EL Salz
- Backpapier
- grobes Salz und Kümmel zum Bestreuen

**Zeitbedarf**

- 25 Minuten + ca. 1 Stunde ruhen + 25 Minuten backen

**So geht's**

1. Beide Mehlsorten durchsieben und gut in einer Schüssel vermischen [→ a]. Die Hefe in das lauwarme Wasser bröckeln und darin auflösen. Zum Mehl geben, das Salz zugeben und alles zu einem glatten Teig verkneten. Zugedeckt an einem warmen Ort ca. 1 Stunde gehen lassen.
2. Den Backofen auf 240 °C (Umluft 220 °C) vorheizen. Den Teig auf einer bemehlten Arbeitsfläche zu einem Rechteck (ca. 30 x 15 x 3 cm) ausrollen. Mit einem Teigschaber oder einem Messer in 10 ca. 3 cm breite Streifen trennen. Jedes Stück mit angefeuchteten Händen auf 20–25 cm Länge ziehen und auf ein mit Backpapier ausgelegtes Blech setzen. Zugedeckt nochmals ein paar Minuten gehen lassen.
3. Die Seelen mit Wasser bestreichen, dann mit Salz und Kümmel bestreuen. In den vorgeheizten Ofen schieben und ca. 20–25 Minuten backen, bis sie leicht gebräunt und knusprig sind [→ b]. Bäckt man bei Umluft 2 Bleche auf einmal, dreht man sie nach 15 Minuten horizontal um 180 Grad, um ein gleichmäßiges Backergebnis zu erzielen.

**SO SCHMECKT'S AUCH** **Frisch gebackene Seelen sind die Krönung jedes Sonntagsbrunches. Man kann sie vor dem Backen auch mit Käse oder Speckwürfelchen bestreuen oder die Zutaten bereits unter den Teig mischen.**

## DAS IST *wirklich* WICHTIG

**[a] MEHLSORTEN** Man kann die Seelen auch nur aus Weizenmehl (am besten Type 550) backen oder den Dinkelanteil durch Vollkornmehl ersetzen. Der Weizenmehlanteil allerdings sollte bleiben, denn würde man nur Dinkel- und Vollkornmehl verwenden, wäre das Backergebnis zu dunkel und zu trocken.

**[b] BACKEN** Schieben Sie unter das Backblech ein zweites Blech, das mit 1–2 Tassen Wasser gefüllt ist. Dadurch erhöht sich die Luftfeuchtigkeit im Ofen, was für die Seele gut ist.

## DAS IST *wirklich* WICHTIG

**[a] RINDFLEISCH** Für den Salat nur mageres Fleisch verwenden und eventuell vorhandenes Fett abschneiden. Das Rindfleisch in dünne Scheiben und nach Belieben anschließend noch in 2 cm breite Streifen schneiden.

**[b] DURCHZIEHEN** Manchmal sind Fleischreste bereits etwas trocken: In diesem Fall empfiehlt es sich, den Salat mindestens 1 Stunde im Dressing zu marinieren.

[a]

# RINDFLEISCHSALAT *mit Gemüse*

EIN WÜRZIG-PIKANTER SALAT, DER – WAS DEN SPARSAMEN SCHWABEN NATÜRLICH FREUT – AUCH EINE IDEALE RESTEVERWERTUNG IST.

### Zutaten für 4 Portionen

- 600 g Rindfleisch (gebraten oder gekocht)
- 1 Karotte
- 1 Apfel
- 1 rote Paprikaschote
- 1 Zwiebel
- 100 g Champignons
- ½ Bund Schnittlauch
- ½ Bund Petersilie
- 4 EL Öl
- 3 EL Weinessig
- Salz
- schwarzer Pfeffer aus der Mühle
- 1 Prise Zucker
- Saft von 1 Limette

**Zeitbedarf**
- 20 Minuten

### So geht's

1. Das Rindfleisch – man kann hier gut Reste vom Sonntagsbraten oder auch von Suppenfleisch nehmen – in Streifen schneiden [→ a]. Die Karotte schälen und in feine Scheibchen schneiden. Den Apfel schälen, vom Kerngehäuse befreien und in Stifte schneiden.
   Die Paprika halbieren, entkernen, waschen und in Streifen schneiden. Die Zwiebel häuten und fein hacken. Die Champignons putzen und in Scheiben schneiden. Schnittlauch und Petersilie waschen, trocken tupfen und hacken.
2. Die Rindfleischstreifen, die Apfelstifte, das Gemüse, die Pilze und Kräuter in einer großen Schüssel vermengen.
3. Aus Öl, Essig, Salz, Pfeffer, Zucker und Limettensaft eine Vinaigrette rühren und abschmecken. Über den Rindfleischsalat geben und etwas durchziehen lassen [→ b].

Dazu passen Brot oder auch Bratkartoffeln.

### Die Variante

**Rindfleischpfanne**
Für eine warme Variante werden die Fleischstreifen und das klein geschnittene Gemüse (Zutaten siehe Rezept, aber ohne Apfel) in einer Pfanne in etwas Öl angebraten und gewürzt.
4 Eier verquirlen, mit Salz und Pfeffer würzen, darübergeben und bei schwacher Hitze stocken lassen.
Dazu passt grüner Blattsalat.

**SO SCHMECKT'S AUCH** **Das Dressing kann man auch aus 150 ml Joghurt, 2 EL saurer Sahne, Essig, Öl, Salz, Pfeffer, 1 Prise Zucker und Limettensaft zubereiten.**

# OCHSENMAULSALAT
## *mit Tomaten und Chili*

DIE MODERNE VARIATION EINES SCHWÄBISCHEN KLASSIKERS, DER SICH FÜR VIELE GEWÖHNUNGSBEDÜRFTIG ANHÖRT, ABER GANZ WUNDERBAR SCHMECKT.

**Zutaten für 4 Portionen**

- 800 g Ochsenmaul
- 2 Tomaten
- 1 kleine rote Zwiebel
- Pfeffer aus der Mühle
- etwas gem. Koriander
- 2 EL weißer Balsamico-Essig
- 3 EL Olivenöl
- 1 EL Honig
- Salz
- 1 kleine rote Chilischote
- Koriandergrün, Kresse oder glatte Petersilie zum Garnieren

**Zeitbedarf**
- 20 Minuten + 20 Minuten ziehen lassen

**So geht's**

1. Das vom Metzger bereits in hauchdünne Scheibchen geschnittene Ochsenmaul in eine Schüssel geben. Die Tomaten waschen, halbieren, die Stielansätze entfernen und das Fruchtfleisch fein würfeln. Die Zwiebel abziehen und in feine Streifen schneiden. Tomaten und Zwiebel zum Ochsenmaul geben, mit Pfeffer und Koriander würzen.
2. Aus Balsamico-Essig, Olivenöl und Honig ein Dressing rühren und mit den Zutaten vermengen. Mit Salz und Pfeffer abschmecken und den Ochsenmaulsalat kühl gestellt 20 Minuten durchziehen lassen.
3. Die Chilischote längs aufschneiden, Stiel und Kerne entfernen. Die Schote fein hacken und zum Salat geben. Die Kräuter waschen und trocken schütteln. Vor dem Servieren den Ochsenmaulsalat mit abgezupften Korianderblättchen, glatter Petersilie oder Kresse garnieren.

**KLASSISCH** **Für die traditionelle Version wird der Ochsenmaulsalat mit Essig, Öl, Zwiebeln und gewürfelten Gürkchen angemacht und mit Senf, Salz und Pfeffer abgeschmeckt. Passender Begleiter dazu wäre eine ordentliche Portion Bratkartoffeln.**

# WURSTSALAT
## *nach Bauernart*

ES KURSIEREN REZEPTE MIT VIELERLEI EDLEN WURSTSORTEN. DAS ORIGINAL JEDOCH IST UNSCHLAGBAR: JE RUSTIKALER, DESTO BESSER.

**Zutaten für 4 Portionen**

- 300 g Fleischwurst oder Lyoner
- 300 g Schwarzwurst
- 1 große Zwiebel
- 5 EL Pflanzenöl
- 4 EL Weinessig
- 50 ml Fleischbrühe
- 1 Prise Zucker
- Salz
- schwarzer Pfeffer aus der Mühle
- 1 EL Senf
- Kräuter nach Belieben (z. B. Petersilie, Schnittlauch)

**Zeitbedarf**

- 10 Minuten

**So geht's**

1. Die Fleischwurst und die Schwarzwurst in Scheiben oder in grobe Würfel schneiden. Die Zwiebel häuten und hacken oder in feine Ringe schneiden. Aus Öl, Essig, Fleischbrühe, Zucker, Salz, Pfeffer und Senf eine Marinade rühren. Oder alle Zutaten in ein Schraubglas füllen und gut durchschütteln.
2. Die Marinade über Wurst und Zwiebeln geben, gut vermischen und eventuell zum Durchziehen noch etwas stehen lassen.
3. Kräuter waschen, trocken schütteln und hacken oder in Röllchen schneiden. Vor dem Servieren über den Wurstsalat geben.

Dazu passen Laugenbrezeln oder Bauernbrot.

**Die Variante**

**Mit Chorizo**
Andere Länder, andere Würste: Für einen Wurstsalat mit Chorizo, einer kräftig und scharf mit Paprika gewürzten Rohwurst vom Schwein, die in Spanien und Portugal sehr beliebt ist, 600 g Wurst in Würfel schneiden. Eine Marinade aus den angegebenen Zutaten und einem Schuss herbem, säurebetontem Weißwein oder trockenem Sherry rühren. Den Salat vor dem Servieren mindestens 30 Minuten durchziehen lassen.

**SO SCHMECKT'S AUCH** Die „städtische" Variante verwendet nur Fleischwurst und lässt die Schwarzwurst weg. Doch gerade diese bringt sehr viel Geschmack, insbesondere, wenn sie geräuchert und noch eine kurze Zeit abgehangen ist.

So

# EBBES GUATS

## … gönnt man sich jeden Tag!

MAULTASCHEN, SPÄTZLE, ZWIEBELROSTBRATEN: BEI DIESEN BODENSTÄNDIGEN SPEZIALITÄTEN WIRD KLAR, WARUM DIE SCHWÄBISCHE KÜCHE ZU DEN BELIEBTESTEN DEUTSCHLANDS GEHÖRT.

MUSKAT

# HEILIG'S TÄSCHLE

## *Hülle mit Fülle*

KANN MAN DEN MÖNCHEN DES KLOSTERS MAULBRONN EINEN VORWURF DARAUS MACHEN, DASS SIE DIESE TEIGTASCHEN ERFANDEN, UM DARIN ZU VERSTECKEN, WAS DER HERRGOTT IN DER FASTENZEIT AUF GAR KEINEN FALL ZU GESICHT BEKOMMEN DURFTE?

Natürlich nicht, sind doch auch Ordensbrüder nur Menschen! Und so ist diese Entstehungsgeschichte nicht nur die beliebteste, sondern auch die charmanteste. Und vor allem schwäbischer als die Variante, nach der die Tiroler Gräfin Margarethe von Maultasch das Gericht im 14. Jahrhundert aus Italien ins „Ländle" gebracht haben soll. Wie dem auch sei: Der Schwabe und seine Maultaschen, das ist schon eine äußerst innige Beziehung. Eine Wesensverwandtschaft sozusagen, wie Thaddäus Troll meinte, denn für beide gelte: „In einem unliebenswürdigen Gewand verbirgt sich ein delikater Kern."

Die Maultasche war nicht nur ideal, um Fleisch zu „verstecken", sondern für die schwäbische Hausfrau auch die Möglichkeit, kleine Mengen übrig gebliebener Speisen als Füllung zu verarbeiten – Fleisch, Wurst, Speck, Gemüse, klein geschnitten und gut gewürzt. Über die Resteverwertung ist man heute natürlich längst hinaus. Küchenchefs mit Anspruch, die Kreativität zeigen und zugleich Regionalität bewahren möchten, ertüfteln ständig neue Füllungen: Lachs und Mangold, Wachtelbrüstchen mit Serranoschinken, Kalbsbries, Entenleber – all dies hat sich schon im Teigmantel versteckt.

Mit selbst gemachten Maultaschen kann man punkten. Gelten sie doch – neben den Spätzle – als Stellvertreter der schwäbischen Kochkunst schlechthin, die weit über die Grenzen des „Ländle" hinaus berühmt geworden sind. Wenn auch heute die industrielle Teigtasche vom Fließband überwiegt. Es gibt sogar Onlineshops, über die man Maultaschen mit Grußkarten verschicken kann. Ja, die Schwaben: Sie brachten der Welt den Zeppelin und den Daimler, berühmte Poeten und Philosophen. Nun schicken sie eben die Maultaschen hinterher.

# MAULTASCHEN
## *mit Fleisch und Spinat*

„HERRGOTTSBSCHEISSERLE" HEISSEN SIE NICHT UMSONST – DENN IN DEN TEIGTASCHEN LÄSST SICH SO MANCHER VERBOTENE GENUSS VERSTECKEN.

### Zutaten für 4 Portionen

- 3 Eier (Größe M)
- ca. 2 EL Mineralwasser
- ½ TL Salz
- 350 g Mehl

### Für die Füllung

- 1 Zwiebel
- 2 altbackene Brötchen
- 1 kleines Bund Petersilie
- 300 g frischer Spinat
- 20 g Butter
- 50 g magere Speckwürfel
- 250 g Hackfleisch oder Brät
- 1 Ei, 1 Eigelb (Größe M)
- Salz, Pfeffer aus der Mühle
- etwas Muskatnuss

### Zeitbedarf

- 50 Minuten + 20 Minuten ruhen

### So geht's

1. Eier, Wasser und Salz verquirlen, das Mehl dazugeben und alles zu einem glatten, festen Teig verkneten. In Frischhaltefolie wickeln und ca. 1 Stunde im Kühlschrank ruhen lassen.
2. Für die Füllung die Zwiebel abziehen und hacken. Die Brötchen in Wasser einweichen, dann ausdrücken und zerzupfen. Die Petersilie hacken. Den Spinat putzen, waschen und in kochendem Salzwasser blanchieren. Kalt abschrecken, abtropfen lassen und grob hacken.
3. In einer Pfanne die Butter zerlassen und darin Zwiebeln, Petersilie, Speck und Brötchen andünsten. In eine Schüssel geben, etwas abkühlen lassen, dann mit Hackfleisch, Eiern und Spinat gut vermischen. Kräftig mit Salz, Pfeffer und etwas Muskatnuss abschmecken.
4. Den Teig auf einer bemehlten Arbeitsfläche oder mit einer Nudelmaschine dünn ausrollen. Die Füllung auf die Teigbahnen streichen. Aufrollen **[→ a]** und einzelne Maultaschen abdrücken **[→ b]**.
5. Die Maultaschen in Salzwasser oder Brühe ca. 6–8 Minuten gar ziehen lassen.

In der Brühe servieren oder geschmälzt (mit in Butter gebratenen Zwiebelringen) mit Kartoffelsalat. Oder in Streifen schneiden, in einer Pfanne anbraten, verquirlte Eier darübergießen und stocken lassen.

**SO GEHT'S AUCH** **Aus dem Teig ca. 12 cm breite Bahnen ausrollen. Auf eine Hälfte jeweils im Abstand von ca. 10 cm die Füllung in Häufchen verteilen. Eventuell rundum die Ränder mit Eigelb bestreichen. Jeweils eine zweite Teigbahn darüberlegen, den Teig zwischen den Füllungen mit einem Holzstiel gut andrücken. Die Maultaschen mit einem Teigrädchen trennen und mit der Hand etwas flach drücken.**

DAS IST *wirklich* WICHTIG

**[a] AUFROLLEN** Die mit der Füllung bestrichene Teigbahn aufrollen, dabei die Ränder großzügig freilassen und mit Eigelb bepinseln.

**[b] ABTRENNEN** Mit einem Kochlöffelstiel die einzelnen Maultaschen abdrücken, sodass sich die Füllung nach links und rechts verteilt. An den Schnittstellen gut zudrücken und mit einem scharfen Messer abtrennen.

# MAULTASCHEN *mit Lachsfüllung*

EINE FEINE VARIANTE, UND DA FISCH JA AUCH IN DER FASTENZEIT ERLAUBT IST, EINE, MIT DER MAN DEN HERRGOTT NICHT „BSCHEISST"!

**Zutaten für 4 Portionen**

- Maultaschenteig (siehe Seite 34)
- 250 g Blattspinat
- Salz
- 300 g Lachsfilet
- 20 Blätter Basilikum
- 1 kleines Bund Kerbel
- 1 TL frisch gemahlene Korianderkörner
- Schale von ½ Bio-Zitrone
- 50 g Mascarpone
- schwarzer Pfeffer aus der Mühle
- 2 l Rinderbrühe
- 150 g Sahne
- 2 EL Noilly Prat

**Zeitbedarf**

- 50 Minuten + 20 Minuten ruhen

**So geht's**

1. Den Spinat putzen, waschen, in kochendem Salzwasser blanchieren und in eiskaltem Wasser abschrecken. Abtropfen lassen und ausdrücken. Das Lachsfilet auf Gräten überprüfen, dann in Würfel schneiden.
2. Spinat, Lachs, Kräuter, Koriander, Zitronenschale, Mascarpone, Pfeffer, Salz und 50 ml Brühe in der Küchenmaschine oder mit dem Pürierstab zu einer homogenen Farce verarbeiten, die nicht zu feucht sein sollte. Zum Schluss die Sahne und den Noilly Prat zugeben. Alle Zutaten sollten sehr kalt sein, damit die Farce nicht gerinnt.
3. Aus dem nach Grundrezept zubereiteten Teig ca. 12 cm breite Bahnen ausrollen. Auf eine Hälfte die Fischmasse jeweils im Abstand von ca. 10 cm in Häufchen verteilen. Evtl. rundum die Ränder mit Ei oder Wasser bestreichen. Jeweils eine zweite Teigbahn darüberlegen, gut festdrücken und Maultaschen abtrennen.
4. Die Maultaschen in der kochenden Brühe ca. 5–8 Minuten ziehen lassen.

Dazu passt ein Wildkräutersalat besonders gut.

**SO SCHMECKT'S AUCH** **Die Maultaschen mit einer kleinen Sauce servieren. Dafür 1 kleine Schalotte und 1 Knoblauchzehe abziehen, würfeln und in Butter anschwitzen, evtl. ein paar Champignons in Scheiben geschnitten dazugeben. Mit Riesling ablöschen und mit etwas Sahne verfeinern. Mit Salz und Pfeffer abschmecken.**

# MAULTASCHEN
## *mit Tomaten*

IN TOMATENSAUCE UND MIT WÜRZIGEM KÄSE IM OFEN ÜBERBACKEN – DIE SCHWÄBISCHE ALTERNATIVE ZU ITALIENISCHER LASAGNE.

**Zutaten für 4 Portionen**

- 12 Maultaschen (siehe Seite 34)
- 150 g luftgetrocknete Salami
- 1 Zwiebel
- 2 Zehen Knoblauch
- 2 EL Olivenöl
- 700 g Tomaten oder 2 Dosen geschälte Tomaten
- Salz
- schwarzer Pfeffer aus der Mühle
- etwas Rosenpaprika
- frische Kräuter (Oregano, Basilikum)
- 100 g Sahne
- 100 g geriebener Gruyère

**Zeitbedarf**
- 30 Minuten + 20 Minuten backen

**So geht's**

1. Die Maultaschen nach dem Grundrezept zubereiten und möglichst frisch aus der Brühe verwenden. Die Salami in feine Streifen schneiden. Die Zwiebel abziehen und möglichst klein hacken. Den Knoblauch abziehen und in feine Würfelchen schneiden.
2. In einem Topf das Öl erhitzen. Darin die Zwiebel- und Knoblauchwürfelchen andünsten, dann die Salami dazugeben. Die Tomaten zugeben. Frische Tomaten kurz in heißes Wasser tauchen, häuten, entkernen und klein schneiden. Mit Salz, Pfeffer und Paprika würzen.
3. Die Tomatensauce etwas einköcheln lassen. Oreganoblättchen und in Streifen geschnittenes Basilikum zum Schluss in die Sauce geben. Den Backofen auf 180 °C (Umluft 160 °C) vorheizen.
4. Die Maultaschen in eine flache, feuerfeste Form geben und mit der Tomatensauce übergießen. Die Sahne und den geriebenen Käse darübergeben. Im vorgeheizten Backofen ca. 20 Minuten überbacken, bis der Käse ganz zerlaufen ist und angefangen hat, eine kleine Kruste zu bilden.

Dazu passt gut ein grüner Blattsalat.

# WO GEHOBELT WIRD ...
*da fallen Spätzle*

DIE ZEIT DER GLAUBENSKRIEGE IST VORÜBER? WEIT GEFEHLT. BEIM THEMA „SAG MIR, WIE DU DEINE SPÄTZLE MACHST, UND ICH SAG DIR, OB DU EIN ECHTER SCHWABE BIST" KOCHEN DIE EMOTIONEN RICHTIG HOCH.

Da gibt es die Puristen und ihre Liebe zum Spätzlebrett: etwa 20 cm lang, 10 cm breit, mit einem Griff am einen und abgeflacht dünnerem Holz am anderen Ende. Darauf kommt ein Klacks Teig – und dann wird geschabt. Die einen schwören dabei auf den Teigschaber aus Metall. Dafür ist jedoch eine wirklich gute Technik erforderlich, denn wer das Brett zu dicht übers heiße Wasser hält, dem dampfen förmlich die Hände ab. Die anderen bevorzugen daher ein langes Kochmesser und halten so einen natürlichen Abstand.

Für alle, denen diese Handarbeit zu lästig oder zeitaufwendig ist, gibt es technische Hilfsmittel: Etwa den „Spätzles-Schwob", der an eine Kartoffelpresse erinnert. Oder den Spätzlehobel: Er ähnelt einer Käsereibe und hat einen meist viereckigen Füllbehälter für den Teig. Auf der Schlittenführung fährt man über dem Topf hin und her und hobelt die Spätzle ins Wasser. Ähnlich funktioniert die „Spätzle-Hex" – doch hier bewegt man über eine Kurbel eine Walze in der Box, die den Teig durchdrückt.

Generell gilt: „Nur G'schabtes isch Wahres." Wenn aber mal eine größere Gesellschaft zu verköstigen ist oder die Zeit drängt, darf man schon ein Auge zudrücken. Selbstverständlich gibt es frische Spätzle heute auch vorgefertigt in jedem Supermarkt zu kaufen, doch geschmacklich kommen sie an Eigenproduktionen nicht heran.

Nichts ist kulinarisch typischer fürs Ländle als Maultaschen und Spätzle – da kann man Hamburger, Berliner oder Düsseldorfer fragen. Man hört immer wieder, Spätzle seien schwäbische Pasta. Abgesehen davon, dass die Konsistenz des Teigs eine ganz andere, weichere ist, ist doch was Wahres dran: Streicht man einem Italiener die Pasta vom Speiseplan, leidet er Höllenqualen. Ein Schwabe ohne Spätzle – so könnte das Fegefeuer aussehen.

## DAS IST *wirklich* WICHTIG

**[a] DEN TEIG** kräftig bearbeiten, damit viel Luft untergeschlagen wird und die Spätzle schön locker werden.

**[b] SCHABEN** Das Spätzlebrett, es muss nach vorne leicht abgeschrägt sein, kurz ins kochende Wasser tauchen, eine kleine Menge Teig aufstreichen und am besten mit einem breiten Messer dünne Teigstreifen ins Wasser schaben.

**[c] ABSCHRECKEN** Sobald sie an der Oberfläche schwimmen, sind die Spätzle gar. Kurz kalt abschrecken, damit sie nicht zusammenkleben.

[b]

[c]

# SPÄTZLE
## *am besten geschabt*

VIEL SCHWÄBISCHER GEHT'S NICHT: SIE SIND DIE IDEALE BEILAGE FÜR ALLE GERICHTE MIT SAUCE UND NATÜRLICH ALS KÄSSPÄTZLE EIN ECHTER KLASSIKER.

### Zutaten für 4 Portionen

- 400 g Spätzlemehl oder Weizenmehl Type 405
- 4 Eier (Größe M)
- Salz
- ca. ⅛ l Mineralwasser

### besonderes Werkzeug

- Spätzlebrett oder Spätzlepresse

### Zeitbedarf

- 30 Minuten

### So geht's

1. Das Mehl in eine Schüssel sieben. Die Eier hineinschlagen, ca. 1 TL Salz und etwas Mineralwasser dazugeben und alles zu einem glatten, zähflüssigen Teig rühren. Mit einem Kochlöffel so lange schlagen, bis der Teig Blasen wirft **[→ a]**. Bei Bedarf noch etwas Mineralwasser zufügen. Es sorgt dafür, dass der Teig locker und geschmeidig wird.
2. In einem großen Topf reichlich Wasser zum Kochen bringen und Salz zufügen. Den Teig portionenweise auf ein Spätzlebrett geben und mit einem Teigschaber oder Messer ins sprudelnde Wasser schaben **[→ b]**. Die Hitze leicht reduzieren, damit nichts überkocht.
3. Sobald die Spätzle an der Oberfläche schwimmen, mit einem Schaumlöffel abschöpfen **[→ c]**. Die Spätzle kurz in kaltem Wasser abschrecken und abtropfen lassen. Bis zur Verwendung, evtl. mit ein paar Butterflöckchen, im Backofen bei ca. 70 °C warm stellen. Diesen Vorgang wiederholen, bis der Teig aufgebraucht ist.

### Die Variante

**Käsespätzle**
Eine feuerfeste Form mit Butter ausstreichen. Spätzle und 150 g grob geriebenen Greyerzer Käse in Lagen einschichten, wobei Spätzle unten wie oben den Abschluss bilden. Mit Alufolie abdecken und im vorgeheizten Backofen bei 220 °C (Umluft 200 °C) ca. 15 Minuten backen. 4 Zwiebeln abziehen, in Ringe schneiden und in ca. 40 g Butter bei mittlerer Hitze goldbraun braten. Vor dem Servieren über die Käsespätzle geben.

**SO GEHT'S AUCH** **Man kann den Teig auch portionsweise in eine Spätzlepresse oder einen Spätzlehobel füllen und ins kochende Wasser drücken. Nach Verwendung das Gerät in kaltes Wasser legen, kein heißes Wasser verwenden, sonst verkleben die Teigreste.**

# SPÄTZIALITÄTEN

*raffiniert variiert*

DER SPÄTZLE-GRUNDTEIG LÄSST SICH VIELFÄLTIG VARIIEREN UND VERFEINERN. OB MIT KRÄUTERN, SPINAT, CURRY, CHILI, INGWER, TOMATENMARK, GERIEBENEN NÜSSEN ODER MOHN – DER PHANTASIE SIND KAUM GRENZEN GESETZT UND EXPERIMENTIEREN IST ERLAUBT.

## LEBERSPÄTZLE

1 kleine Zwiebel fein würfeln. Zusammen mit 250 g Rinderleber durch die feine Scheibe eines Fleischwolfes drehen oder mit dem Pürierstab zerkleinern. Aus dem Grundteig zusammen mit der Lebermasse einen Spätzleteig rühren, der ruhig schön fest sein darf. Mit Salz, Pfeffer und Muskat würzen. 1 Stunde zugedeckt ruhen lassen. Danach durch Spätzlepresse oder -hobel ins kochende Wasser drücken oder vom Brett schaben.

Leberspätzle schmecken als Suppeneinlage oder (gut geeignet für Reste) in etwas Butter in der Pfanne geröstet. Man kann auch noch 1–2 verquirlte Eier darüberschlagen und mit Blattsalat servieren.

## SPINATSPÄTZLE

Unter den Grundteig 300 g pürierten Spinat mischen. Dafür entweder aufgetauten und gut ausgedrückten TK-Spinat verwenden oder die entsprechende Menge frische blanchierte Spinatblätter, die man in etwas Butter dünstet.

Spinatspätzle passen als Beilage zu Fleisch, aber auch zu Fisch.

## KRÄUTERSPÄTZLE

Je nach Jahreszeit und zum jeweiligen Gericht passend, mischt man unter den Grundteig eine gute Handvoll beliebiger gehackter Kräuter, wie z.B. Petersilie, Kerbel, Koriandergrün oder auch Thymian. Salbei sollte man vorsichtig dosieren (sehr intensiv). Harte Rosmarinnadeln sollte man wenn, dann nur ganz fein gehackt verwenden.

Kräuterspätzle passen als Beilage zu allen Fleischsorten oder schmecken auch solo mit Salat gut.

## KÜRBISSPÄTZLE

400 g Hokkaido-Kürbis würfeln, in leichter Gemüsebrühe weich garen und anschließend pürieren. Etwas erkalten lassen. Mit dem Spätzlegrundteig verrühren. Da dieser Spätzleteig durch den Kürbis nicht ganz so fest wird, am besten durch die Presse oder den Hobel ins kochende Wasser drücken.

Kürbisspätzle sind im Herbst eine feine und delikate Begleitung zu zartem Wildfleisch oder Truthahn. Sie schmecken aber auch zu Lamm oder zu Fisch.

# GAISBURGER MARSCH
## *mit Spätzle und Kartoffeln*

ZWAR ETWAS ZEITAUFWENDIG IN DER ZUBEREITUNG, ABER DER SCHMACKHAFTE EINTOPF ENTHÄLT ALLES, WAS SATT UND GLÜCKLICH MACHT.

**Zutaten für 4–6 Personen**

- 2 Rinder-Fleischknochen
- 2 Markknochen
- 2 l Wasser
- 700 g Rindfleisch (z. B. Wade oder Hohe Rippe)
- 2 Karotten
- 1 Petersilienwurzel
- 2 mittelgroße Zwiebeln
- 150 g Sellerie
- 2 Lorbeerblätter
- Salz, 10 Pfefferkörner
- Spätzle (siehe Seite 41)
- 700 g Kartoffeln
- Pfeffer aus der Mühle
- Petersilie nach Belieben

**Zeitbedarf**

- 1 Stunde + 2 Stunden garen

**So geht's**

1. Für die Brühe die Knochen in kaltem Wasser aufsetzen und aufkochen lassen. Den Schaum, der sich an der Oberfläche bildet, mit einer Schaumkelle abschöpfen. Das Fleisch einlegen und aufkochen lassen. Die Hitze reduzieren und erneut abschäumen. Leise köcheln lassen.
2. Karotten, Petersilienwurzel, Zwiebel und Sellerie putzen und grob zerkleinern. Mit den Gewürzen zum Fleisch geben. Mindestens 1 ½ Stunden garen.
3. In der Zwischenzeit nach dem Grundrezept auf Seite 41 die halbe Menge Spätzle zubereiten. Die fertigen Spätzle im Backofen bei 70 °C zugedeckt warm halten.
4. Die Kartoffeln schälen und in 1,5 cm große Würfel schneiden. Das Fleisch aus der Brühe nehmen. Diese durch ein Sieb in einen zweiten Topf gießen und darin die Kartoffeln ca. 15 Minuten ganz knapp gar kochen.
5. Das Fleisch in kleine Würfel schneiden. Mit den Spätzle in die Brühe geben, kurz erhitzen, mit Salz und Pfeffer abschmecken und in Suppentellern anrichten. Nach Belieben mit gehackter Petersilie garnieren.

Dazu schmecken auch in etwas Butter oder Öl gebratene Zwiebelringe sehr gut, die man kurz vor dem Servieren über den Eintopf gibt.

**DER EINTOPF soll seinen Namen daher haben, dass vor dem Ersten Weltkrieg Offiziersanwärter der Stuttgarter Bergkaserne, die im Wirtshaus essen durften, mittags in die „Bäckaschmiede" nach Gaisburg marschierten und dort bevorzugt „Kartoffelschnitz und Spatzen" aßen, eine Spezialität des Hauses.**

## DAS IST *wirklich* WICHTIG

**[a] GUT VERTEILT** Die Pfanne leicht schräg halten und so schwenken, dass sich der Teig dünn und gleichmäßig bis zum Rand verteilen kann.

**[b] WENDEN** Wenn sich der Pfannkuchen auf der einen Seite gut lösen lässt, mit dem Pfannenwender umdrehen. Die Temperatur sollte nicht zu heiß sein, sonst backen die Flädle zu dunkel aus.

[b]

# FLÄDLESUPPE
## *die feine Einlage*

„FLÄDLE“, SO NENNT MAN IM SCHWABENLAND PFANNKUCHEN, DIE MAN, IN STREIFEN GESCHNITTEN, AUCH ALS SUPPENEINLAGE VERWENDET.

### Zutaten für 4 Portionen

- 3 Eier (Größe M)
- 1 Prise Salz
- ¼ l Milch
- 200 g Mehl
- Öl zum Ausbacken
- 1,5 l Fleischbrühe
- ½ Bund Petersilie oder Schnittlauch

### Zeitbedarf

- 25 Minuten + 20 Minuten ruhen

### So geht's

1. In einer hohen Schüssel die Eier aufschlagen, Salz und Milch dazugeben und mit einem Schneebesen oder Handrührgerät vermischen. Nach und nach das Mehl unterrühren. Den Teig ca. 20 Minuten quellen lassen.
2. Etwas Öl in einer beschichteten Pfanne erhitzen. Jeweils 1 mittelgroße Schöpfkelle Teig hineingießen und gleichmäßig verteilen **[→ a]**. Bei mittlerer Hitze backen und nach ca. 1 Minute umdrehen und auch die andere Seite backen **[→ b]**. Die fertigen Pfannkuchen im Backofen bei 70 °C warm halten.
3. Die Fleischbrühe, am besten schmeckt eine selbst gemachte (siehe Seite 44), erhitzen. Petersilie oder Schnittlauch waschen, trocken schütteln, fein hacken oder in Röllchen schneiden.
4. Die Pfannkuchen locker aufrollen und mit einem scharfen Messer in schmale Streifen schneiden. Die Fleischbrühe in Suppenteller oder -tassen verteilen, die Flädlestreifen hinzugeben und mit Petersilie bestreuen.

### Die Variante

**Gefüllte Flädle**
Es gibt viele Möglichkeiten, Flädle zu füllen: Mit Bratenresten, Zwiebeln, Tomaten, geschnittenem Salat und gewürzter Joghurtsauce werden sie zu einer Art schwäbischem Döner. Oder man füllt sie mit einer Sauce Bolognese und hat damit ein pikantes Zwischengericht.
Für süße Pfannkuchen als Dessert, die Flädle z. B. mit Marmelade bestreichen, aufrollen und mit Puderzucker bestäuben.

**SO SCHMECKT'S AUCH** **Für Kräuterflädle kann man auch frische gehackte Kräuter nach Belieben (z. B. Petersilie, Pimpinelle, Oregano, Basilikum) unter den Teig mischen.**

# ZWIEBELSUPPE
## *auf schwäbische Art*

FÜR DIESE ZWIEBELSUPPE IST DIE QUALITÄT DES WEINES ENTSCHEIDEND. DER SPARSAME SCHWABE OPFERT HIERFÜR RICHTIG GUTEN RIESLING.

**Zutaten für 4 Portionen**

- 500 g Zwiebeln
- 1 EL Butterschmalz
- 1 EL Mehl
- ¼ l Riesling
- 1 l Fleischbrühe
- Salz, Pfeffer aus der Mühle
- 1 altbackenes Laugenbrötchen
- 1 TL Butterschmalz oder Butter
- 150 g geriebener Emmentaler
- Kräuter nach Belieben (z. B. Petersilie, Schnittlauch)

**Zeitbedarf**

- 20 Minuten + 20 Minuten garen + 10 Minuten überbacken

**So geht's**

1. Die Zwiebeln abziehen, halbieren und in feine Ringe schneiden. In einem Topf das Butterschmalz zerlassen und die Zwiebeln darin glasig anschwitzen, bis sie eine ganz leicht bräunliche Farbe angenommen haben. Das Mehl darüberstäuben und umrühren. Mit Riesling ablöschen und mit der Fleischbrühe auffüllen.
2. Die Suppe so lange köcheln lassen, bis die Zwiebelringe ganz weich sind. Mit Salz und Pfeffer abschmecken.
3. Das Laugenbrötchen in sehr kleine Würfel schneiden. In einer Pfanne das Butterschmalz oder die Butter erhitzen und die Brotwürfelchen darin anrösten. Den Backofen auf 200 °C (Umluft 180 °C) vorheizen.
4. Die Zwiebelsuppe in Suppentassen füllen, mit dem geriebenen Käse bestreuen und im Backofen gratinieren, bis der Käse gut geschmolzen ist. Mit den gerösteten Laugenbrotwürfelchen anrichten und nach Belieben mit gehackten Kräutern bestreuen.

**SO SCHMECKT'S AUCH** **Als Einlage kann man auch Maultaschen für 5 Minuten in der Suppe mitkochen. Danach herausnehmen, in Streifen schneiden und vor dem Gratinieren auf die Suppentassen verteilen.**

# RIEBELESUPPE
*fein gerieben*

AM BESTEN SCHMECKEN DIE DÜNNEN, GERIEBENEN NÜDELCHEN („RIEBELE") NATÜRLICH IN EINER SELBST GEMACHTEN FLEISCHBRÜHE.

**Zutaten für 4 Portionen**

- 2 Eier
- 150 g Mehl
- Salz, Pfeffer aus der Mühle
- 1 Msp. Muskatnuss
- 1 ½ l Fleischbrühe
- 3 EL Sahne
- 1 Eigelb
- ½ Bund Schnittlauch

**Zeitbedarf**
- 30 Minuten

**So geht's**

1. Die Eier in einer Schüssel mit einer Gabel verquirlen, das Mehl, Salz, Pfeffer und etwas geriebene Muskatnuss dazugeben und vermischen. Mit bemehlten Händen zu einem festen Teig verkneten, der ruhig etwas trocken sein darf.
2. Die Fleischbrühe in einem Topf erhitzen. Den Teig in eine Spätzlepresse („Spätzle-Schwob") füllen und in die Brühe drücken. Oder man raspelt den Teig wie Käse über einer Reibe. Eine dritte Möglichkeit, Riebele herzustellen, ist es, Teigabschnitte zwischen den Handflächen zu reiben, sodass dünne Nüdelchen entstehen.
3. Mit einem Holzlöffel die Brühe kurz durchrühren. Nach jeweils maximal 5 Minuten sind die Riebele gar und steigen dann an die Oberfläche.
4. Die Fleischbrühe vom Herd nehmen. In einer Tasse Sahne und Eigelb mit einer Gabel verquirlen und die Suppe damit binden. Danach nicht mehr aufkochen lassen, sonst flockt das Eigelb aus. Den Schnittlauch in feine Röllchen schneiden und kurz vor dem Servieren über die Suppe streuen.

Als Einlage kann man zusätzlich, wenn man eine Fleischbrühe selbst gekocht hat, kleine Rindfleischwürfel in die Suppe geben.

**AUF VORRAT** **Riebele lassen sich problemlos mehrere Wochen aufbewahren. Dafür den Teig mit etwas mehr Mehl zubereiten, mit der Reibe auf einen bemehlten Untergrund raspeln und trocknen lassen.**

# ZWIEBELROSTBRATEN

*schwäbischer Klassiker*

EIN SICHERER TEST: IST IN EINEM LOKAL DER ROSTBRATEN GUT UND ZART, KANN MAN DEM REST DER SPEISEKARTE NAHEZU BLIND VERTRAUEN.

**Zutaten für 4 Portionen**

- 4 Rumpsteaks à 200 – 250 g mit Fettrand
- schwarzer Pfeffer aus der Mühle
- 50 ml Raps- oder Erdnussöl
- 500 g Zwiebeln
- Salz

**Zeitbedarf**

- 20 Minuten + 20 Minuten ruhen + 15 Minuten nachgaren

**So geht's**

1. Den Fettrand der Rumpsteaks an 3 – 4 Stellen einschneiden [→ a]. Die Steaks beidseitig kräftig mit Pfeffer würzen und mit etwas Öl bestreichen. 20 Minuten ruhen lassen.
2. Die Zwiebeln abziehen und in dünne Ringe schneiden oder fein hobeln. Den Backofen auf 90 °C (Umluft 70 °C) vorheizen. In einer Pfanne das restliche Öl erhitzen und darin die Zwiebeln unter ständigem Rühren kräftig anbraten, bis sie goldbraun sind. Die Zwiebeln herausnehmen und auf Küchenpapier kurz abtropfen lassen. Dann in eine kleine Schüssel geben und in den Backofen stellen.
3. In der Pfanne mit dem verbliebenen Öl die Rumpsteaks von jeder Seite 3 Minuten anbraten [→ b]. Die Steaks zum Nachgaren für 15 Minuten in den Backofen stellen. Danach mit Salz würzen und mit den gerösteten Zwiebeln anrichten.

Dazu passen Spätzle oder Bratkartoffeln. Manchmal gibt es dazu auch Sauerkraut.

**SO SCHMECKT'S AUCH** **Serviert man den Rostbraten mit Spätzle, dann braucht man dazu eine kleine Sauce. Dafür den Bratensatz mit Rotwein ablöschen und mit etwas braunem Kalbsfond oder Brühe aufgießen. Etwas einkochen lassen, evtl. mit etwas in kaltem Wasser angerührter Speisestärke binden oder etwas Sahne zugeben. Mit Salz und Pfeffer abschmecken.**

DAS IST *wirklich* WICHTIG

**[a] FETTRAND** Damit sich das Steak beim Braten nicht wölbt, das Fett, das sich stärker zusammenzieht, mit einem scharfen Messer im Abstand von 2 – 3 cm einschneiden, aber nicht bis ins Fleisch.

**[b] GARZEIT** Das Steak ist zart und rosa gebraten, wenn das Fleisch bei der Druckprobe mit dem Finger vom Gefühl her so nachgibt, wie die eigene Nasenspitze, wenn man dagegen drückt.

# LINSENWEISHEITEN

## *Wiederkehr einer Hülsenfrucht*

LINSEN STANDEN, ALS GRUNDNAHRUNGSMITTEL DER ARME-LEUTE-KÜCHE, LANGE ZEIT GANZ OBEN AUF DEM SPEISEPLAN, BEVORZUGT MIT SPÄTZLE!

Doch nach dem Zweiten Weltkrieg, in der Zeit des Wirtschaftswunders, waren sie plötzlich nicht mehr gefragt. Die ersten Fernsehköche, wie Clemens Wilmenrod, brachten plötzlich mondän anmutende Kreationen wie Toast Hawaii auf den Tisch – und die olle Linse hatte das Nachsehen. Und die Bauern stellten den Anbau ein und um auf andere Feldfrüchte. Mit der Folge, dass deutsche Linsen so gut wie ausgestorben waren. Auch auf der Schwäbischen Alb, wo sie nachweislich mindestens bis in die Hallstattzeit, also bis 500 v. Chr. zurückgehen.

Der Dornröschenschlaf dauerte bis 1985. Die Betreiber eines Bio-Hofes in Lauterach, zwischen Zwiefalten und Ehingen gelegen, wollten den Linsen wieder eine Chance geben. Sie suchten sich dafür kleine, grüne, französische Linsen aus und schon bald war die Nachfrage nach den „Leisa“ (schwäbisch für Linsen) recht groß. 2001 wurde die Öko-Erzeugergemeinschaft „Alb-Leisa“ gegründet.

Fast alle Schritte im Anbau und in der Weiterverarbeitung sind Handarbeit, sind mühselig und hängen dann doch wieder am seidenen Faden des Wettergottes. Die Erträge schwanken stark, doch die Linsen-Bauern auf der Schwäbischen Alb werden durch ihre Kunden belohnt.

Doch der Schwabe wäre kein echter Schwabe, wenn er nicht suchen und tüfteln würde, um nicht doch auch alte, heimische Sorten zu finden, die vielleicht einmal die französischen Anfänge ersetzen könnten. Und tatsächlich fanden sich 2006 in einer Gen-Datenbank in St. Petersburg wenige hundert Linsen der Sorten „Späths Alblinse 1 und 2“ aus den 1940er und 1950er Jahren – ein Geschenk des Himmels. In wenigen Jahren schon werden diese Sorten dann den Schwabengaumen erfreuen. Und sicher immer noch bevorzugt mit Spätzle als Begleiter.

# LINSENGEMÜSE
## *mit Saiten und Spätzle*

FÜR DIESES SCHWÄBISCHE NATIONALGERICHT IST EIN GUTER ESSIG MIT WENIG SÄURE WICHTIG, DER DIE LINSEN GESCHMACKLICH ABRUNDET.

**Zutaten für 4 Portionen**

- 500 g Linsen
- 2 Lorbeerblätter
- 1 Zwiebel
- 1 Karotte
- ½ kleine Stange Lauch
- 50 g Räucherspeck
- 20 g Mehl
- ¼ l Fleischbrühe
- 3 EL guter Weinessig
- Salz, Pfeffer aus der Mühle
- 8 Saitenwürstchen
- Spätzle (siehe Seite 41)

**Zeitbedarf**

- ca. 15 Minuten + 60 Minuten kochen

**So geht's**

1. Die Linsen in einem Sieb unter fließendem kaltem Wasser waschen. Dann mit den Lorbeerblättern in reichlich Wasser aufsetzen und ca. 45 Minuten kochen. Die Linsen sollten vom Kochwasser gut bedeckt sein.
2. Die Zwiebel abziehen und fein hacken. Die Karotte und den Lauch putzen, waschen und in kleine Würfel schneiden. Den Speck fein würfeln und in einem Topf auslassen. Darin bei mittlerer Hitze das Mehl unter Rühren anrösten, bis es goldbraun ist. Das Gemüse dazugeben und mit andünsten.
3. Die Linsen abgießen, ebenfalls in den Topf geben, mit der Fleischbrühe ablöschen und kurz köcheln lassen. Den Essig dazugeben und mit Salz und Pfeffer abschmecken. Die Saitenwürstchen auf das Linsengemüse geben und erwärmen.
4. Die Linsen mit Spätzle (für selbst gemachte Spätzle siehe Rezept Seite 41) und den Saitenwürstchen anrichten.

**SO SCHMECKT'S AUCH** Man kann anstelle der Saiten, wie die aus Rind- und Schweinefleisch hergestellten schwäbischen Brühwürste heißen, auch Wiener oder Frankfurter Würstchen verwenden. Oder ein Stück Rauchfleisch, das mit den Linsen mitgekocht wird. Die Fleischbrühe, die man zum Aufgießen nimmt, kann auch zur Hälfte durch Rotwein ersetzt werden.

DAS IST *wirklich* WICHTIG

**[a] DIE SEHNEN** müssen sorgfältig entfernt werden, da sie nicht weich kochen, sondern als zäher Strang den Genuss schmälern.

**[b] DAS RICHTIGE ÖL** zum Braten wählen. Da es hoch erhitzt werden soll, sind Raps-, Erdnuss- oder Sesamöl, die einen hohen Rauchpunkt haben (die Temperatur, bei der das Öl zu rauchen beginnt, scharfen Geruch und unangenehmen Geschmack entwickelt), gut geeignet.

[a]

# SAURE NIEREN
## *mit Weißwein*

INNEREIEN SIND VIEL BESSER ALS IHR RUF – UND RICHTIG VOR- UND ZUBEREITET UND VON BESTER QUALITÄT SIND SIE EIN KULINARISCHER GENUSS.

### Zutaten für 4 Portionen

- 800 g Nieren vom Schwein
- 400 ml Milch
- 4 Zwiebeln
- 2 EL Mehl
- 2 EL Rapsöl
- ¼ l Fleischbrühe
- 2 Scheiben Ingwer
- 50 ml trockener Weißwein
- 2 EL Weinessig
- Salz
- schwarzer Pfeffer aus der Mühle

### Zeitbedarf

- 20 Minuten + 60 Minuten ruhen

### So geht's

1. Falls der Metzger die Nieren nicht schon gewässert und geputzt liefert, die Nieren zunächst der Länge nach halbieren und dann von Fettanteilen und Sehnen befreien [→ a]. In kaltem Wasser mehrfach waschen, damit das Blut entfernt wird. Die Milch in eine Schüssel gießen und die Nieren für ca. 1 Stunde einlegen. So verlieren sie ihren starken Eigengeschmack.
2. Die Zwiebeln schälen und würfeln. Die Nieren aus der Milch heben, unter fließendem Wasser kalt abspülen, mit Küchenpapier trocken tupfen und dann in feine Scheiben schneiden. Mit dem Mehl bestäuben.
3. Das Öl in einer Pfanne erhitzen [→ b]. Unter ständigem Rühren die Nieren und die Zwiebeln mehrere Minuten scharf anbraten, sodass sie Farbe nehmen. Mit der Fleischbrühe ablöschen, die Ingwerscheiben hineinlegen und bei mittlerer Hitze weitere 5 Minuten köcheln lassen. Mit Wein, Essig, Salz und Pfeffer abschmecken.

### Die Varianten

**Mit Sahne**
Statt der Brühe kann man auch 1 Becher saure Sahne zusammen mit dem Wein unterrühren und mit Paprikapulver oder Curry würzen. Dazu passt Reis am besten.

**Mit Tomaten**
Die Nieren mit 1 Dose gehackten Tomaten statt mit Fleischbrühe ablöschen. Mit 1 TL gehacktem Thymian würzen und 6 – 7 Minuten köcheln lassen, evtl. mit etwas Tomatenmark andicken.

**SO GEHT'S AUCH** Um die Nieren geschmacklich etwas „neutraler" zu machen, kann man sie, statt in Milch, auch in mit Essig angereichertes Wasser legen und im Kühlschrank einige Stunden durchziehen lassen.

# FLEISCHKÜCHLE
## *auf schwäbische Art*

ZWAR AUF TYPISCH SCHWÄBISCHE WEISE SPRACHLICH „KLEIN GEMACHT", SIND DIESE FRIKADELLEN ODER BULETTEN DENNOCH EIN GROSSER GENUSS.

**Zutaten für 4 Portionen**

- 400 g mageres Kalbfleisch
- 400 g mageres Schweinefleisch
- 150 g Räucherspeck
- 1 mittlere Zwiebel
- 1–2 Zehen Knoblauch
- 6 EL Semmelbrösel
- 1 Ei
- 2 EL Weißwein
- Schale von 1 Bio-Zitrone
- Salz
- schwarzer Pfeffer aus der Mühle
- Mehl zum Bestäuben
- Butterschmalz zum Braten

**besonderes Werkzeug**
- Fleischwolf

**Zeitbedarf**
- 30 Minuten

**So geht's**

1. Das Fleisch zusammen mit dem Speck durch den Fleischwolf (Scheibe mit 3,5–4 cm Lochung wählen) drehen oder den Metzger darum bitten.
2. Die Zwiebel und den Knoblauch häuten und sehr fein hacken. Aus allen Zutaten einen homogenen, glatten Teig mischen, der nicht zu feucht sein darf. Im Zweifelsfall lieber den Anteil an Semmelbröseln erhöhen.
3. Aus dem Fleischteig nun kleine Fladen formen. Die Fleischküchle von beiden Seiten mit ein wenig Mehl bestäuben **[→ a]**.
4. In einer Pfanne das Butterschmalz erhitzen und darin die Fleischküchle von jeder Seite etwa 4 Minuten braten, je nach Größe und Dicke. Die Hitze gegebenenfalls etwas reduzieren **[→ b]**. Dabei öfter mal mit dem Pfannenwender von oben auf die Fleischküchle drücken. Sie sind fertig, wenn sie auf Fingerdruck kaum noch nachfedern, sondern eher fest sind.

Die Fleischküchle schmecken warm und kalt. Dazu passt Kartoffelsalat besonders gut.

**KLASSISCH** **kann man die Fleischküchle auch aus gemischtem Rinder- und Schweinehackfleisch zubereiten. Mit 2 altbackenen Brötchen, in Milch eingeweicht und gut ausgedrückt, vermengen und mit je 1 EL gehackter Petersilie und gehacktem Majoran, 1 TL Senf, Pfeffer und Salz abschmecken.**

DAS IST *wirklich* WICHTIG

**[a] BEMEHLEN** Die Fleischküchle leicht mit Mehl bestäuben, so bekommen sie beim Braten eine besonders schöne Kruste.

**[b] BEIM BRATEN** die Hitze etwas reduzieren, damit die Fleischküchle nicht außen schon kross und innen noch nicht gar sind.

[a]

# EINFACH SPITZE

## *Kraut von den Fildern*

AUF DEN „FILDERN", DEN FRUCHTBAREN LÖSS-LEHM-BÖDEN DER HOCHEBENE SÜDLICH VON STUTTGART, HAT DER ANBAU VON SPITZKOHL ALS SPEZIALITÄT JAHRHUNDERTELANGE TRADITION.

Das Spitzkraut mit seinen großen Blättern und dem vergleichsweise lockeren Wuchs ist im Geschmack wesentlich zarter und feiner als „normaler" Rundkohl. Die besondere Variante Filderkraut wiederum, angeblich eine Züchtung von Mönchen aus dem ehemaligen Kloster Denkendorf, eignet sich hervorragend zur Produktion von Sauerkraut. Sauerkrautfabriken prägten einst die Region. Im 19. Jahrhundert gehörte es zum Stuttgarter Stadtbild, dass Krautbauern ihre Erzeugnisse mit Fuhrwerken hinunter in den Talkessel brachten und verkauften. Ab 1888, mit dem Bau der Eisenbahn über die Fildern, konnte dies in großem Stil auch in entferntere Regionen erfolgen. Die Erzeuger steckten sich in ganz Württemberg ihre „Claims" ab, in denen sie das alleinige Vermarktungsrecht hatten.

Kraut war lange Zeit, anders als heute, wichtiger Bestandteil der Ernährung. Gut, man weiß aus alten Seebären-Erzählungen, dass ein Fass mit Sauerkraut immer an Bord war, wenn es auf große Überfahrt ging. Der hohe Vitamin-C-Gehalt, der Skorbut vorbeugen sollte, ist legendär. Doch Sauerkraut enthält auch Kobalmin (Vitamin B 12), das für die Produktion roter Blutkörperchen mitverantwortlich ist und unsere Stressresistenz deutlich erhöht. Und dass der hohe Gehalt an Milchsäurebakterien auch für Verdauung und Stoffwechsel ein Segen ist, sei noch obendrein bemerkt.

Im modernen Krautanbau spielt der Spitzkohl keine große Rolle mehr – der runde Weißkohlkopf lässt sich maschinell einfach besser verarbeiten und ist frisch länger haltbar. So nimmt Spitzkraut gerade mal zehn Prozent der heutigen Anbaufläche von etwa 250 Hektar (im Vergleich zu mehr als 1.000 Hektar während des Ersten Weltkriegs) ein. Und gerade mal drei Sauerkrautfabriken sind übrig geblieben.

Dennoch ist der Bezug zum Kraut stets spürbar in den Ortschaften auf den Fildern. Es werden alljährlich große Krautfeste gefeiert, Rallyes gefahren (die „Spitzkraut-Classics"), in Bernhausen steht in der Fußgängerzone eine bronzene „Kraut-Marie"... Die Tradition lebt also weiter, wenngleich anders als früher.

# SCHUPFNUDELN
## *aus Kartoffelteig*

MAN NENNT SIE AUCH BUABASPITZLE UND SIE SIND WOHL SO ETWAS WIE DIE SÜDDEUTSCHE ANTWORT AUF DIE ITALIENISCHEN GNOCCHI.

**Zutaten für 4 Portionen**

- 800 g mehligkochende Kartoffeln
- 250 g Mehl
- 2 Eier (Größe M)
- Salz
- schwarzer Pfeffer aus der Mühle
- Muskat
- 2 EL Butter
- 2 EL Semmelbrösel

**besonderes Werkzeug**
- Kartoffelpresse

**Zeitbedarf**
- 30 Minuten +
  25 Minuten kochen +
  15 Minuten garen

**So geht's**

1. Die Kartoffeln am Vortag gar kochen. Am nächsten Tag schälen und durch eine Kartoffelpresse in eine Schüssel drücken. Mehl, Eier, Salz, Pfeffer und 1 Prise Muskatnuss dazugeben und alles zu einem glatten Teig verkneten. Man kann den Teig auch bereits am Vortag zubereiten und in Folie gewickelt im Kühlschrank aufbewahren. Dann ist der Teig allerdings etwas trockener.
2. Aus dem Teig zweifingerdicke Rollen formen, Stücke abschneiden und mit den Händen zu Schupfnudeln formen **[→ a]**.
3. In einem großen Topf Wasser erhitzen und Salz zugeben. Die Schupfnudeln darin garen, bis sie an der Oberfläche schwimmen. Mit einem Schaumlöffel aus dem Topf nehmen und kalt abschrecken, um den Garprozess zu stoppen. Danach gut abtropfen lassen.
4. In einer Pfanne die Butter bei mittlerer Hitze schmelzen und darin die Schupfnudeln langsam zusammen mit den Semmelbröseln anbräunen **[→ b]**.

Auf Straßen- oder Weinfesten isst man sie gerne mit Sauerkraut und Speck vermischt als Krautschupfnudeln.

**SO SCHMECKT'S AUCH** **Gehaltvoll, aber sehr würzig im Geschmack werden die Schupfnudeln, wenn man unter den Teig 200 g geriebenen Greyerzer Käse knetet. Sehr aromatisch schmecken sie, wenn man gehackte Salbeiblätter in der Pfanne mitbrät.**

[a]

## DAS IST *wirklich* WICHTIG

**[a] FORMEN** Aus dem Teig mit bemehlten Händen fingerdicke, 6 – 7 cm lange Rollen formen, die an den Enden dünner und leicht spitz sind.

**[b] BRÄUNEN** Die Semmelbrösel saugen die Flüssigkeit, die aus den Schupfnudeln austritt auf, sodass sie schön trocken ausbacken.

[b]

# FILDERKRAUT
## *mit Schweinefilet*

DAS BERÜHMTE SPITZKRAUT VON DEN FILDERN BEI STUTTGART SCHMECKT KURZ NACH DER ERNTE IM HERBST BESONDERS ZART UND AROMATISCH.

**Zutaten für 4 Portionen**

- 800 g Schweinelende
- 1 Kopf Spitzkohl oder Weißkraut (ca. 1 kg)
- 2 Zwiebeln
- 2 Zehen Knoblauch
- 2 EL Butterschmalz
- 1 EL Kümmel (ganz)
- ⅛ l Weißwein
- 1 TL grobkörniger Senf
- 200 g Sahne
- Salz
- schwarzer Pfeffer aus der Mühle

**Zeitbedarf**
- 35 Minuten

**So geht's**

1. Das Schweinefilet mit einem scharfen Messer von Fett, Häuten und Sehnen befreien. Das Filet in 5 mm dicke Scheiben schneiden.
2. Den Kohlkopf halbieren oder vierteln, den dicken Strunk herauslösen [→ a] und das Kraut mit einem großen Messer in ca. 1 cm breite Streifen schneiden. Die Zwiebeln und den Knoblauch abziehen, die Zwiebeln grob, den Knoblauch fein hacken.
3. In einem großen, am besten gusseisernen Topf das Butterschmalz recht stark erhitzen. Das Kraut und die Zwiebeln hineingeben und unter ständigem Rühren anschwitzen lassen. Wenn das Kraut schon etwas weich geworden ist, die Filetscheiben [→ b] und den Kümmel dazugeben. Dabei gut rühren. Nach ein paar Minuten den Knoblauch, den Weißwein und den Senf zugeben, nach weiteren 5 Minuten die Sahne zugießen. Kurz aufkochen lassen und mit Salz und Pfeffer abschmecken.

**SO SCHMECKT'S AUCH** **Wer es würziger mag, gibt noch etwas Curry und Cayennepfeffer dazu. Man kann für eine asiatische Variante den Kohl auch in 2 cm lange Rauten schneiden, statt Sahne Kokosmilch verwenden und mit Kaffir-Limettenblättern, etwas Ingwer und 5-Gewürze-Pulver würzig abschmecken.**

[a]

DAS IST *wirklich* WICHTIG

**[a] DEN STRUNK** großzügig herauslösen, denn die festen Teile werden beim Schmoren nicht weich.

**[b] SCHWEINEFILET** hat eine kurze Garzeit. Nach spätestens 10 Minuten kontrollieren, ob das Fleisch noch saftig ist. Die Hitze reduzieren.

DAS IST *wirklich* WICHTIG

**[a] DIE ZWIEBELN** für die Zwiebel-Rahm-Mischung nur glasig andünsten, sie sollen keine Farbe nehmen und nicht zu weich werden. Etwas abkühlen lassen, bevor man die Sahne unterrührt.

[a]

# ZWIEBELKUCHEN
## *mit Räucherspeck*

IM HERBST, WENN WIEDER DER NEUE WEIN, ALSO GERADE ANGÄRENDER MOST, ANGEBOTEN WIRD, GEHÖRT ZWIEBELKUCHEN IMMER DAZU.

**Zutaten für 1 Backform (Ø 30 cm)**

- ½ Würfel frische Hefe
- ½ TL Zucker
- 120 ml Milch
- 300 g Mehl
- ½ TL Salz
- 20 g weiche Butter
- Butter für die Form
- 1 kg Zwiebeln
- 40 g Butter
- 80 g geräucherte Speckwürfel
- 30 g Mehl
- 250 g Sauerrahm
- 250 g Sahne
- 3 Eigelbe, 1 Ei
- Salz, Muskatnuss
- 1 – 2 TL Kümmel

**Zeitbedarf**

- 40 Minuten + 40 Minuten ruhen + 45 Minuten backen

**So geht's**

1. Die Hefe zerbröckeln und mit 1 Prise Zucker in 5 EL lauwarmer Milch auflösen. Mit 2 EL Mehl zu einem Vorteig verrühren. 10 Minuten gehen lassen. Dann mit dem restlichen Mehl, der restlichen Milch sowie dem Salz zu einem glatten Teig verkneten. Zum Schluss die weiche Butter unterkneten. Den Teig zugedeckt an einem warmen Ort ca. 30 Minuten gehen lassen.
2. Den Teig auf einer bemehlten Arbeitsfläche ausrollen. Die Backform mit Butter ausstreichen und den Teig so in die Form einlegen, dass er an den Rändern noch übersteht.
3. Die Zwiebeln abziehen und würfeln. In einem Topf die Butter zerlassen und darin die Zwiebelwürfel andünsten. Die Speckwürfel dazugeben, mit dem Mehl bestäuben und bei mittlerer Hitze anschwitzen lassen. Den Sauerrahm zugießen, gut verrühren und kurz die Hitze erhöhen.
4. Die Sahne steif schlagen. 2 EL davon zu den Zwiebeln geben, die Eigelbe, das Ei sowie die Gewürze unterrühren, zum Schluss die restliche Sahne. Nochmals abschmecken.
5. Den Backofen auf 190 °C (Umluft 170 °C) vorheizen. Die Zwiebelmasse [→ a] in die mit dem Hefeteig ausgelegte Form geben. Im Backofen ca. 45 Minuten backen.

**FÜR GÄSTE** backen Sie am besten gleich ein ganzes Blech Zwiebelkuchen. Dafür einen Hefeteig aus 500 g Mehl und 1 Würfel Hefe zubereiten und von den restlichen Zutaten die 1,5-fache Menge nehmen.

# DINNEDE
## *mit Schmand und Speck*

DIESE SCHWÄBISCHE VERSION VON PIZZA ODER FLAMMKUCHEN WIRD OFT AUF WEIN- UND STRASSENFESTEN AUS DEM HOLZBACKOFEN ANGEBOTEN.

**Zutaten für 4 Stück**

- 30 g frische Hefe
- 1 Prise Zucker
- 300 ml lauwarmes Wasser
- 500 g Mehl
- 2 TL Salz
- 2 Zwiebeln
- 2 Zehen Knoblauch
- 20 g Mehl
- 250 g Schmand
- 1 Ei
- Salz, Pfeffer aus der Mühle
- 200 g geräucherter Speck
- 1 TL Kümmel

**Zeitbedarf**

- 40 Minuten +
  30 Minuten ruhen +
  ca. 15 Minuten backen

**So geht's**

1. Die Hefe zerbröckeln und mit 1 Prise Zucker in 4 EL lauwarmem Wasser auflösen. Mit 2 EL Mehl zu einem Vorteig verrühren. 10 Minuten gehen lassen, dann mit dem restlichen Mehl und Wasser sowie dem Salz zu einem glatten Teig verkneten. Zugedeckt an einem warmen Ort 30 Minuten gehen lassen.
2. In der Zwischenzeit für den Belag Zwiebeln und Knoblauch abziehen und fein würfeln. Zusammen mit den 20 g Mehl, Schmand, Ei, Pfeffer und Salz verrühren. Den Speck fein würfeln. Den Backofen auf 250 °C vorheizen **[→ a]**.
3. Den Teig auf einer bemehlten Arbeitsfläche kurz durchkneten und in 4 Portionen schneiden. Die Teigstücke jeweils auf Pizzagröße auseinanderziehen **[→ b]** und auf ein mit Backpapier ausgelegtes Blech legen. Den Belag aufstreichen, mit Kümmel und den Speckwürfelchen bestreuen und im Ofen ca. 15 Minuten backen.

**SO SCHMECKT'S AUCH** **Der Belag lässt sich natürlich variieren. Sehr häufig findet man die Kombination Kartoffeln und Käse, Kraut und Speck, Kraut und Käse, Zwiebeln und Käse, oft garniert mit Schnittlauch. Oder man wählt eine süße Variante mit feinen Apfelspalten, Zucker und Zimt.**

## DAS IST *wirklich* WICHTIG

**[a] BACKEN** Die meisten modernen Backöfen haben eine „Pizzastufe", die ideal dafür wäre. Ansonsten 250 °C Ober- und Unterhitze einstellen, nicht Umluft verwenden.

**[b] TEIG FORMEN** Mit den Händen und/oder mit einem Wellholz den Teig in eine runde Form bringen.

[b]

# EBBES B'SONDERS

## *sonntags & für Gäste*

BESONDERE ANLÄSSE ERFORDERN BESONDERE SPEISEN! DOCH DA KANN DER SCHWABE JA AUF FEINE KLASSIKER ZURÜCKGREIFEN, DIE SICH AUCH RAFFINIERT VARIIEREN LASSEN.

DAS IST *wirklich* WICHTIG

**[a] MEERRETTICH** immer erst kurz vor der Verwendung reiben, damit er nicht braun wird. Frischer Meerrettich ist sehr scharf, deshalb anfangs vorsichtig zugeben und lieber nachwürzen.

**[b] CARPACCIO** Um das Fleisch kalt als Vorspeise zu servieren, legen Sie es ca. 2 Stunden in den Gefrierschrank. In leicht angefrorenem Zustand lässt es sich besser in hauchdünne Scheiben schneiden.

[a]

# OCHSENBRUST *mit Meerrettich*

EIN TRADITIONELLES SONNTAGSESSEN, WENN MAN MIT DER FAMILIE EINEN AUSFLUG MACHT UND DANN IN EINEM LANDGASTHOF EINKEHRT.

## Zutaten für 4 Portionen

- 300 g Rinderknochen
- 2–3 Markknochen
- Salz
- 2 mittelgroße Zwiebeln
- 1 Bund Suppengemüse
- 1,5 kg Ochsenbrust mit Fettauflage
- 2 Lorbeerblätter
- 3–4 Wacholderbeeren
- Pfefferkörner
- ½ Stange frischer Meerrettich (ca. 10 cm)
- 1 EL Butter
- 1 EL Mehl
- 100 ml Sahne
- Pfeffer aus der Mühle

### Zeitbedarf

- 25 Minuten + 2 Stunden garen

## So geht's

1. Die Rinder- und Markknochen unter fließendem Wasser gut abspülen und in einen großen Topf legen. Mit 3 l kaltem Wasser auffüllen. Etwas Salz zugeben und aufkochen lassen, dabei den Schaum, der sich an der Oberfläche bildet, mit der Schaumkelle abschöpfen. Die Zwiebeln schälen, das Suppengemüse putzen und würfeln.
2. Zwiebeln und Suppengemüse zusammen mit der Ochsenbrust und den Gewürzen in den Topf geben und bei mittlerer Hitze mindestens 2 Stunden leise köcheln lassen. Es darf nicht sprudeln.
3. Für die Sauce den Meerrettich schälen, waschen und fein reiben [→ a]. In einem kleinen Topf die Butter zerlassen und das Mehl darin kurz anschwitzen. Ca. 300 ml der Fleischbrühe unter Rühren mit einem Schneebesen nach und nach zugießen. Mit der Sahne verfeinern und einige Minuten bei mittlerer Hitze einkochen lassen. Den geriebenen Meerrettich einrühren und mit Salz und Pfeffer abschmecken.
4. Die fertig gegarte Ochsenbrust aus der Brühe heben und in ca. 1 cm dicke Scheiben schneiden. Mit der Meerrettichsauce servieren.

Dazu passen junge Kartoffeln und Gemüse.

## Die Variante

**Ochsenbrust-Carpaccio**
Für eine feine kalte Vorspeise, vor allem im Sommer, kann man das Fleisch in dünne Scheiben geschnitten, als Carpaccio [→ b], mit einer fruchtigen Himbeer-Vinaigrette servieren. Dafür 30 ml Himbeeressig, 40 ml Olivenöl, 1 TL Senf, Salz, Pfeffer und 1 Msp. Cayennepfeffer gut verrühren. 12 frische Himbeeren vierteln. Die Vinaigrette über die hauchdünn geschnittenen Ochsenbrust-Scheiben geben und mit den Himbeeren garnieren.

**FLEISCHBRÜHE** Die Brühe, in der die Ochsenbrust gekocht wurde, durch ein Sieb gießen und nach dem Erkalten entfetten. Sie ist eine wunderbare Basis z. B. für eine Flädlesuppe (siehe Seite 44).

# SCHÄUFELE
## *im Brotteig*

DAS „SCHÄUFELE", DIE GEPÖKELTE UND GERÄUCHERTE SCHWEINESCHULTER, KANN MAN KOCHEN, DOCH IM BROTTEIG MACHT'S BESONDERS VIEL HER.

**Zutaten für 4 Portionen**

- 1 Bund Suppengemüse
- 1 Zwiebel
- 3 Nelken
- Salz, 1 TL Pfefferkörner
- 4 Pimentkörner
- 2 Lorbeerblätter
- 5 Zweige Thymian
- 1 kg ausgebeintes Schäufele
- 2 EL Gartenkräuter (z. B. Thymian, Petersilie, Oregano)
- 2 EL Senf
- 1 kg Bauernbrotteig (vom Bäcker, Fertigteig)
- 250 g Bratwurstbrät

**Zeitbedarf**

- 30 Minuten + 30 Minuten garen + 50 Minuten backen

**So geht's**

1. Das Suppengemüse putzen und grob zerkleinern. Die Zwiebel häuten und mit den Nelken spicken. In einem großen Topf 2 l Wasser aufsetzen und mit Salz, dem Gemüse, den Gewürzkörnern, Lorbeer und Thymian zum Kochen bringen.
2. Das Schäufele ins kochende Wasser geben und bei kleiner Hitze 30 Minuten zugedeckt mehr ziehen als kochen lassen. Herausheben, auf Küchenpapier abtropfen und etwas abkühlen lassen. In der Zwischenzeit die Kräuter hacken und mit Senf vermischen. Das Schäufele damit von allen Seiten bestreichen.
3. Den Backofen auf 220 °C (Umluft 200 °C) vorheizen. Den Brotteig auf einer bemehlten Arbeitsfläche so groß ausrollen, dass er um das Schäufele geschlagen werden kann **[→ a]**. In der Mitte einen Teil des Bräts aufstreichen und das Schäufele daraufsetzen. Den Rest des Bräts auf dem Fleisch verstreichen und den Teig darüberklappen **[→ b]**. Auf ein mit Backpapier belegtes Blech setzen und auf der untersten Schiene ca. 50 Minuten fertig backen.

Dazu passt Sauerkraut, Kartoffelsalat und/oder Blattsalat.

**SELBST GEMACHTER TEIG** **1 Würfel Hefe in etwas lauwarmem Wasser auflösen und mit je 500 g Weizen- und Roggenmehl, etwas Salz und ca. ½ l lauwarmem Wasser zu einem glatten Teig verkneten, der sich gut vom Schüsselrand löst. An einem warmen Ort zugedeckt 1 Stunde gehen lassen.**

[b]

DAS IST *wirklich* WICHTIG

**[a] TEIG AUSROLLEN** Der Boden sollte nicht zu dünn ausgerollt werden, sonst drückt das Schäufele durch.

**[b] TEIG SCHLIESSEN** Den Teig über das bestrichene Fleisch schlagen, dabei darauf achten, dass es von allen Seiten vom Teig bedeckt ist. Machen Sie nach dem Backen die Klopf-Probe: Hört es sich hohl an, ist der Teig durchgebacken.

# TIERISCH GUTE ALB

## *wo Schafe und Büffel weiden*

AUF DER SCHWÄBISCHEN ALB GRASEN HEUTE NICHT NUR VIELE SCHAFE, AUCH BÜFFEL KANN MAN SEIT EINIGEN JAHREN DORT WIEDER ANTREFFEN.

Schafhaltung gibt es auf der Alb seit einigen Jahrhunderten und in der Blütezeit im 19. Jahrhundert konnte man einige Hunderttausend Schäfchen zählen. Durch die Einfuhr billiger Wolle sank die Zahl im 20. Jahrhundert drastisch. Doch heute weiden wieder mehr als 100.000 Schafe in der Region, nicht selten sogar in Wanderschäferei. Schafe sorgen, damals wie heute, für den Erhalt der Wacholderheide an vielen Stellen der Albhochfläche. Schafe als Landschaftspfleger: Sie fressen das Gras, halten Büsche kurz – nur dem Wacholder mit seinen spitzen Nadeln können sie rein gar nichts abgewinnen. So gibt es hier zahlreiche Trockenbiotope, die einer Vielzahl von seltenen, vom Aussterben bedrohten Pflanzen Lebensraum bieten. Ohne die Schafe würden die Heide-Schutzgebiete wieder verbuschen oder zu Wald werden.

Fleisch vom Alblamm zu kaufen, ist eine gute Entscheidung. Nicht nur, weil man damit einen aktiven Beitrag zum Landschafts- und Artenschutz leisten kann, sondern auch, was den Geschmack betrifft: Die Aromen der Wildkräuter, welche die Lämmer fressen, übertragen sich auf das Fleisch und machen es zu einem besonderen Genuss. Die beste Wahl ist Lammfleisch von Tieren, die nicht älter als vier, maximal sechs Monate sind.

Archäologen konnten nachweisen, dass es vor vielen tausend Jahren auch Büffel auf der Alb gegeben hat. Und zwischen Trochtelfingen und Münsingen kann man ihnen heute wieder begegnen. Als 2005 einige aus Rumänien stammende Wasserbüffel-Damen in ihre neue Heimat Hohenstein-Meidelstetten umgesiedelt wurden, erwartete sie dort bereits der Schwarzwälder Bulle Attila. Der Plan einiger Züchter war es, das Biosphärengebiet Schwäbische Alb um ein echtes Urviech zu erweitern und nach Bio-Richtlinien Büffelprodukte nachhaltig am Markt zu etablieren.

Und dieser Plan funktioniert: Neben Fleisch- und Wurstprodukten werden Milch, Käse wie z.B. der Büffel-Mozzarella angeboten, Seife oder auch Sitzmöbel mit Büffellederbezug. 300 Tiere umfasst die Zucht der „bubalus albensis“ (Albbüffel) bereits, und die Nachfrage, insbesondere nach Fleischprodukten, kann kaum befriedigt werden. Büffelfleisch hat weniger Fett und Cholesterin als Rindfleisch, dafür mehr Eiweiß, Vitamine und Omega-3-Fettsäuren. Und vor allem der Geschmack überzeugt, fressen die Tiere, die das ganze Jahr über draußen oder in offenen Ställen leben, doch all das Gute, was die Natur so zu bieten hat!

# LAMMBRATEN
## *mit Kräuterdecke*

LAMMFLEISCH IST SEHR ZART UND WIRD LEICHT TROCKEN – DESHALB GAREN WIR ES GANZ SANFT UND LANGSAM BEI NIEDRIGER TEMPERATUR.

**Zutaten für 4 Portionen**

- 1 Lammkeule (ca. 1,8 kg)
- 10 Knoblauchzehen
- 1 Bund Koriander
- 3 Zweige Rosmarin
- 3 Zweige Minze
- 10 Blätter Salbei
- 1 Bund Petersilie
- 1 Bund Thymian
- 1 Bio-Zitrone
- 5 EL Olivenöl
- 1 EL Senf
- Salz, schwarzer Pfeffer aus der Mühle
- 400 ml trockener Rotwein
- 300 ml Lammfond
- evtl. Butter oder Sahne

**Zeitbedarf**

- 20 Minuten + 6 Stunden garen

**So geht's**

1. Die Lammkeule von Sehnen, Häuten und Fett befreien **[→ a]**. Den Knoblauch schälen und fein hacken. Die Kräuter waschen und trocken schütteln, dann jeweils die Blättchen oder Nadeln abzupfen und mit einem großen Messer hacken. Die Kräuter zusammen mit dem Knoblauch in eine Schüssel füllen.
2. Die Zitrone heiß abwaschen, trocknen, mit einem Zestenreißer die Schale ablösen und fein hacken. Die Zitrone halbieren, den Saft auspressen und mit den Zesten zu den Kräutern geben. Olivenöl und Senf hinzufügen und mit einem Löffel gut durchmischen.
3. Den Backofen auf 90 °C (Umluft 70 °C) vorheizen. Die Lammkeule ringsum mit Salz und Pfeffer einreiben und in einen ovalen Bräter legen. Oben und an den Seiten mit der Kräuterpaste einreiben **[→ b]**. Den Rotwein und den Lammfond angießen.
4. Den Bräter ohne Deckel in den Ofen schieben. Während der Garzeit **[→ c]** die Lammkeule alle 45 Minuten vorsichtig mit der Flüssigkeit aus dem Bräter übergießen.
5. Vor dem Servieren das Fleisch aus dem Bräter heben und kurz warm stellen. Die Sauce bei Bedarf einkochen und mit kalter Butter oder Sahne binden.

Dazu passen Kartoffelgnocchi und Ratatouille mit Thymian gewürzt.

## DAS IST *wirklich* WICHTIG

**[a] FLEISCH PARIEREN** Sehnen und Fett entfernt man am besten mit einem Ausbeinmesser.

**[b] AROMATISIEREN** Die Lammkeule sorgfältig mit der Kräuterpaste einreiben, sodass keine freien Stellen bleiben. Die Kräuterauflage verhindert das Austrocknen und durch das langsame Garen bei niedriger Temperatur wird die Kruste auch nicht dunkel.

**[c] GAREN** Lammfleisch muss nicht durch sein, sondern kann rosa gebraten werden. Mit einem Fleischthermometer die Kerntemperatur messen. Rosa: 60–65 °C, durch: 80 °C.

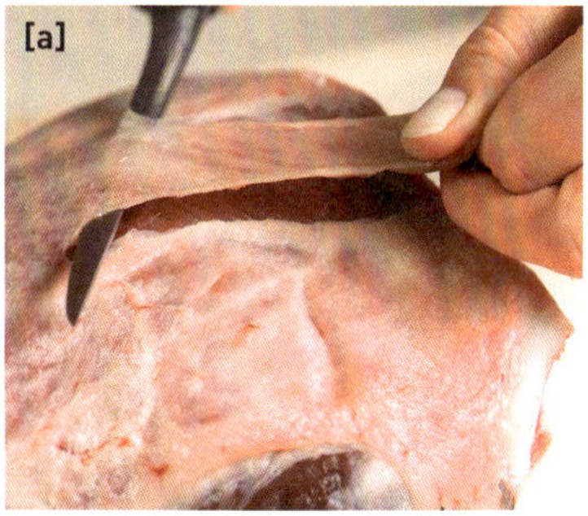

[a]

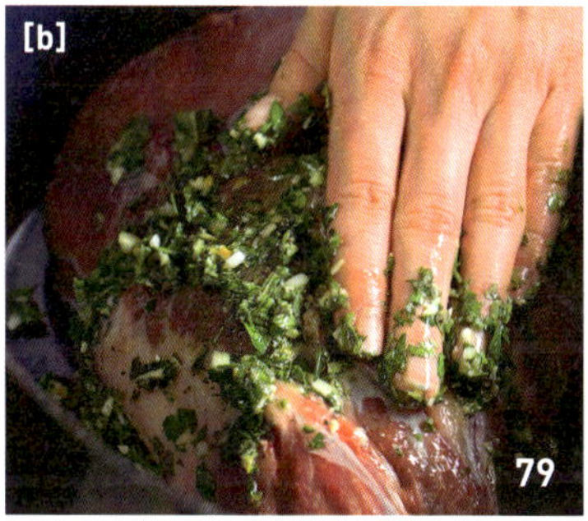

[b]

# HASENPFEFFER *in Rotwein*

FRÜHER EHER EIN ARME-LEUTE-ESSEN. DOCH HEUTE GELTEN HASEN ALS DELIKATESSE, DIE NICHT MEHR OFT AUF DEN TISCH KOMMT.

**Zutaten für 4 Portionen**

- 1 küchenfertiger Hase (ca. 2 kg)
- 3 Zwiebeln
- 150 g Staudensellerie
- 4 Karotten
- 6 Wacholderkörner
- 1 Lorbeerblatt
- 10 Pfefferkörner
- 1 Flasche kräftiger Rotwein
- 3 EL Butterschmalz
- 1 EL Tomatenmark
- 2–3 EL Mehl
- evtl. 100 ml Schweine- oder Hasenblut
- Salz, Pfeffer aus der Mühle
- Saft von ½ Zitrone

**Zeitbedarf**

- 30 Minuten + 12 Stunden marinieren + 1 Stunde garen

**So geht's**

1. Den Hasen zerlegen. Dabei jeden Vorderlauf am Gelenk teilen, die Hinterläufe in jeweils 4 Teile schneiden bzw. hacken, ebenso die Brust und den Rücken [→ a].
2. Die Zwiebeln abziehen und grob würfeln, Staudensellerie und Karotten putzen und zerkleinern. Das Fleisch zusammen mit dem Gemüse, Wacholder, Lorbeerblatt und Pfefferkörnern mit dem Wein marinieren [→ b] und über Nacht in den Kühlschrank stellen.
3. Am nächsten Tag die Brühe über ein Sieb abgießen und auffangen. Das Fleisch herausnehmen und trocken tupfen. Den Backofen auf 180 °C (Umluft 160 °C) vorheizen.
4. In einem großen Bratentopf Butterschmalz zerlassen und darin das Fleisch von allen Seiten anbraten. Das Gemüse dazugeben und mitrösten. Tomatenmark zufügen und verrühren. Das Bratgut mit Mehl bestäuben, 1 Minute Farbe nehmen lassen und dann mit der Marinadeflüssigkeit auffüllen. Die Brustteile herausnehmen und beiseitestellen.
5. Das Fleisch ca. 1 Stunde lang zugedeckt im Ofen schmoren lassen. Nach ½ Stunde die empfindlichen Brustteile dazugeben.
6. Die Sauce evtl. mit Blut binden, danach nicht mehr aufkochen. Mit Salz, Pfeffer und Zitronensaft abschmecken.

Dazu passen Schupfnudeln oder Kartoffelknödel.

DAS IST *wirklich* WICHTIG

**[a] GUTE MESSER,** die sehr scharf sind, sollte man zum Zerlegen haben. Die Gelenke findet man leicht, wenn man Vorder- und Hinterläufe bewegt und dann gezielt einschneidet. Für den Rücken braucht man ein Koch- oder Hackmesser mit einer festen, eher dicken Klinge.

**[b] MARINIEREN** Besonders einfach: Alle Zutaten in einen verschließbaren Plastikbeutel geben. Durch die Marinade wird das Fleisch besonders aromatisch und zart.

[a]

[b]

# KALBSBRIES
## *gebacken*

EINE WAHRE DELIKATESSE, DIE LEIDER UNTERSCHÄTZT WIRD. DIE WACHSTUMSDRÜSE DES KALBS IST ZART, DER GESCHMACK LEICHT UND KÖSTLICH.

**Zutaten für 4 Portionen**

- 750 g Kalbsbries
- 1 großes Bund Suppengrün
- 1 Zwiebel
- 1,5 l kräftige Fleischbrühe
- 2 Lorbeerblätter
- 1 EL Pfefferkörner
- 3 Eier
- 3 EL Mehl
- 3 EL Semmelbrösel
- 60 g Butter

**Zeitbedarf**

- 30 Minuten + evtl. 3–4 Stunden wässern + 30 Minuten garen

**So geht's**

1. Das Kalbsbries gibt es beim Metzger meist bereits gewässert und geputzt zu kaufen. Falls nicht, das Bries mehrere Stunden in kaltem Wasser wässern, das Wasser dabei mehrfach erneuern **[→ a]**. Das Suppengrün putzen und grob schneiden. Die Zwiebel schälen, aber ganz lassen.
2. In einem großen Topf die Brühe erhitzen. Suppengrün, Zwiebel, Lorbeer und Pfeffer hinzufügen und ½ Stunde köcheln lassen. Das Bries einlegen, 20 Sekunden aufkochen, dann den Topf vom Herd nehmen. Das Bries weitere 10 Minuten ziehen lassen. Herausnehmen und abtropfen lassen. Von eventuell vorhandenen Teilen wie Haut, Sehnen, Röhren und Knorpel befreien. Zum Abkühlen das Bries zwischen 2 Holzbretter legen, dabei das obere beschweren.
3. In der Zwischenzeit die Eier in einem Suppenteller verquirlen. In 2 weitere Teller Mehl und Semmelbrösel geben. Das nicht mehr heiße Bries in etwa 2 cm dicke Scheiben schneiden. Zuerst in Mehl, dann im Ei und schließlich in den Semmelbröseln wälzen **[→ b]**.
4. Die Butter in einer beschichteten Pfanne erhitzen und die Briesscheiben darin von beiden Seiten ca. 3 Minuten goldgelb anbräunen.

Dazu passt grüner Salat und Kartoffelsalat besonders gut. Schmeckt aber auch in Kombination mit Spargel, Trüffel oder Waldpilzen.

DAS IST *wirklich* WICHTIG

**[a] WÄSSERN** Dabei wird das restliche Blut aus dem Bries herausgelöst. Danach ist es zart-blass und ähnelt von der Farbe her einer rohen Putenbrust.

**[b] ZARTE KONSISTENZ** Die Briesscheiben sind zart und empfindlich, deshalb sollte man beim Panieren vorsichtig mit ihnen umgehen und auch beim anschließenden Braten die Hitze nicht zu hoch einstellen.

# SCHWEINEGLÜCK *aus Schwäbisch Hall*

EIER VON GLÜCKLICHEN HÜHNERN – DA WEISS JEDER, WAS GEMEINT IST. UND HIER SORGT EIN FRÖHLICHES SCHWEINELEBEN FÜR EINE GANZ AUSGEZEICHNETE FLEISCHQUALITÄT.

Dass artgerechte, kleinbäuerliche Aufzucht deutlich bessere Qualität erbringt als industrielle Mast, dafür ist das Schwäbisch-Hällische Landschwein das beste Beispiel. Im Volksmund auch liebevoll „Mohrenköpfle“ genannt, weil Hinterläufe, Hals, insbesondere aber der Kopf des Tieres schwarz sind. Diese alte Rasse, Anfang des 19. Jahrhunderts unter dem württembergischen König Wilhelm I. entstanden, der die hiesigen domestizierten Wildschweine mit chinesischen Maskenschweinen kreuzen ließ, galt in den 1960er Jahren als ausgestorben. Und das, obwohl ihr Fleisch äußerst schmackhaft und fest ist und beim Braten saftig bleibt. Gefragt war plötzlich mageres (holländisches) Schweinefleisch. Der Zeitgeist forderte ein industriegerechtes deutsches Einheitsschwein mit einer Rippe mehr. Und mit dem Fett wurde gleichzeitig auch der Geschmack weggezüchtet.

Erst 1983 schlossen sich einige traditionsbewusste Bauern zusammen, um eine neue Zucht aufzubauen. Es gab von Beginn an strenge Regeln: keine Medikamente, keine Gentechnik, keine „Leistungsförderer“ im Futter. Die pflanzlichen Futtermittel sollten aus eigenem, möglichst ökologischem Anbau kommen. Und den Schweinen selbst sollte das gestattet sein, was sie glücklich und zufrieden macht – mehr oder weniger freier Auslauf, mit Wahl zwischen Weide und Stall. Nicht mehr als 20 Tiere dürfen bei Weidehaltung auf einem Hektar stehen.

Mehr als 100 Bauernhöfe, die sich in einer Erzeugergemeinschaft um Schwäbisch Hall zusammengeschlossen haben, züchten inzwischen wieder das Schwäbisch-Hällische Landschwein. Verkauft werden darf das Fleisch letztlich nur von der Erzeugergemeinschaft selbst. Es gibt Hofläden für Endverbraucher, aber auch belieferte Metzger und Gaststätten. Und sogar Sternerestaurants sind Abnehmer des fein marmorierten, mit Fett durchzogenen Fleisches, das so aromatisch und saftig schmeckt.

Natürlich kostet Schweinefleisch dieser Qualität etwas mehr als anonyme Supermarktware. Doch es verschafft vielen kleinbäuerlichen Betrieben eine echte Perspektive: Sie können jetzt hektarweise Erbsen, Luzerne, Roggen oder Hafer für die Versorgung ihrer Landschweine anbauen, um schmackhaftes Fleisch zu bekommen. Gut, dass guter Geschmack offenbar doch seine Wiederkehr hat. Und das mit glücklichen Schweinen – wer hätt's gedacht?

# FILETTOPF
## *nach Bürgermeisterart*

FRÜHER EIN SONNTAGSSCHMAUS FÜR DIE FÜHRENDEN MÄNNER DES DORFES – UND DA DURFTE MAN SICH BEIM FLEISCH NICHT LUMPEN LASSEN ...

**Zutaten für 4 Portionen**

- 4 Kalbsmedaillons
- 4 Schweinemedaillons
- schwarzer Pfeffer aus der Mühle
- 300 g frische Pfifferlinge oder Champignons
- 3 Schalotten
- 2 Knoblauchzehen
- ½ Bund Kerbel
- ½ Bund Petersilie
- 2 EL Öl
- 30 g Butter
- Salz
- 120 ml Fleischbrühe
- 100 ml Weißwein
- 200 ml Sahne
- 1 EL Essig

**Zeitbedarf**
- 45 Minuten

**So geht's**

1. Die Medaillons mit Küchenpapier abtupfen, Pfeffer daraufstreuen und mit den Handballen einmassieren.
2. Die Pfifferlinge mit einem Pinsel säubern, große Pilze teilen. Schalotten abziehen und in feine Ringe schneiden. Knoblauch abziehen und fein würfeln. Kräuter waschen, trocken schütteln und fein hacken.
3. In einer Pfanne die Hälfte des Öls und der Butter erhitzen und darin die Medaillons von jeder Seite 3 Minuten nicht zu scharf anbraten. Herausnehmen, salzen und pfeffern und im Ofen bei 70 °C warm stellen.
4. Im verbliebenen Fett die Schalotten glasig anschwitzen. Knoblauch und Pilze dazugeben, dünsten, bis alle Flüssigkeit verdampft ist. Die Kräuter hinzufügen, Fleischbrühe und Wein angießen. Die Sauce einige Minuten einköcheln lassen, dann mit Sahne verfeinern, mit Salz, Pfeffer und Essig abschmecken. Die Medaillons mit der Pilzsauce anrichten.

Dazu passen Spätzle besonders gut.

**SO SCHMECKT'S AUCH** Die Medaillons mit Speck umwickeln und in eine feuerfeste Form setzen. 1 Becher Sahne, 200 g gehäutete, klein geschnittene Tomaten, 2 gehackte Knoblauchzehen, 2 EL Tomatenmark, Cayennepfeffer, Chilipulver, Salz, Pfeffer, etwas Basilikum und Thymian kurz aufkochen, über das Fleisch gießen und bei 180 °C (Umluft 160 °C) ca. 45 Minuten garen.

# STRUDEL
## *mit Blut- und Leberwurst*

SIE WERDEN MEIST KALT ZUM VESPER GEGESSEN, DOCH EIGNEN SICH FRISCHE BLUT- UND LEBERWÜRSTE AUCH MAL FÜR ETWAS RAFFINIERTERES.

**Zutaten für 4 – 6 Portionen**

- 200 g frischer Wirsing
- Salz
- 150 g Zwiebeln
- 2 Stängel Zitronengras
- 1 EL Butter
- 1 TL frisch gem. Korianderkörner
- Pfeffer aus der Mühle
- 300 g leicht geräucherte Blutwurst
- 300 g geräucherte Leberwurst
- 1 Ei
- 4 Blätter Strudelteig

**Zeitbedarf**

- 25 Minuten + 20 Minuten backen

**So geht's**

1. Den Wirsing putzen und in Streifen schneiden. Kurz in kochendem Salzwasser blanchieren, mit eiskaltem Wasser abschrecken und trocken tupfen.
2. Die Zwiebeln häuten und in Streifen schneiden. Das Zitronengras putzen, nur die weißen Teile verwenden und sehr fein hacken. Die Butter in einem Töpfchen schmelzen und darin die Zwiebeln andünsten, nach 3 Minuten das Zitronengras für weitere 3 Minuten dazugeben. Den Koriander untermischen, mit Pfeffer und Salz abschmecken.
3. Den Backofen auf 180 °C (Umluft 160 °C) vorheizen. Die Würste pellen und in maximal 1 cm dicke Scheiben schneiden.
4. Das Ei in einer Tasse verquirlen. Die ausgelegten Strudelteigblätter damit dünn bestreichen. Jeweils der Länge nach mittig den Wirsing auslegen, darauf abwechselnd Blut- und Leberwurstscheiben setzen, mit der Zwiebelmasse abschließen [→ a].
5. Den Strudelteig aufrollen [→ b]. Mit der Nahtstelle nach unten auf ein mit Backpapier ausgelegtes Blech setzen und im Ofen ca. 20 Minuten backen.

Dazu passen Kartoffelbrei, Apfelrotkraut und ein nicht zu scharfer Senf.

**SO SCHMECKT'S AUCH** **Statt Zitronengras und Koriander, die für eine bessere Fettverdauung sorgen, können auch frische Kräuter wie Majoran und Oregano verwendet werden, die man erst beim Füllen des Strudels zugibt. Man kann auch den Wurstanteil reduzieren: je 200 g Blut- und Leberwurst verwenden und 250 g Wirsing.**

DAS IST *wirklich* WICHTIG

**[a] FÜLLEN** Die Strudelblätter nicht zu dick mit Füllung und Wurstscheiben belegen, damit die Rollen nicht aufplatzen.

**[b] AUFROLLEN** Den Strudelteig jeweils an den Enden über die Füllung klappen und einschließend der Länge nach aufrollen.

[a]

[b]

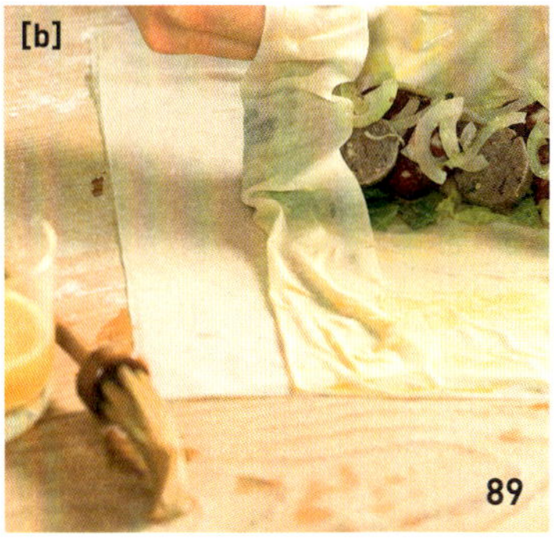

DAS IST *wirklich* WICHTIG

**[a] AUFSCHLAGEN** Viel Luft in der Buttermasse sorgt später für eine angenehme Leichtigkeit auf der Zunge.

**[b] FÜLLEN** Zuerst 1 TL Schneckensaft in das Häuschen geben, damit die Schnecken nicht austrocknen. Nicht zu viel von der gewürzten Butter auf die Schnecke geben, damit man nach dem Überbacken einen cremigen, aber nicht zu fetten Eindruck hat.

[b]

# WEINBERGSCHNECKEN *mit Kräuterbutter*

EINE DELIKATESSE, DIE JETZT WIEDER ÖFTERS AUF DEN SPEISEKARTEN VIELER RESTAURANTS AUFTAUCHT. WER'S MAL PROBIERT HAT, WEISS WARUM!

**Zutaten für 4 Portionen**

- 1 Schalotte
- 2 Knoblauchzehen
- 1 große Handvoll Kräuter (z. B. Basilikum, Kerbel, Koriander, Blattpetersilie, Oregano)
- 150 g weiche Butter
- Saft von 1 Limette
- 1 EL rosa Pfefferkörner
- Salz, Pfeffer aus der Mühle
- 24 Weinbergschnecken aus der Dose

**Zeitbedarf**

- 20 Minuten + 10 Minuten garen

**So geht's**

1. Schalotte und Knoblauch abziehen und fein hacken. Kräuter von den groben Stängeln befreien und ebenfalls sehr fein hacken.
2. Die weiche Butter in einer Schüssel mit einem Schneebesen schaumig schlagen [→ a], dann den Limettensaft, Schalotte und Knoblauch, die Kräuter und den rosa Pfeffer untermischen. Mit Salz und Pfeffer würzen, dabei so abschmecken, dass die Kräuterbutter eine feine, aber nicht zu kräftige Würze bekommt.
3. Den Backofen auf 180 °C (160 °C Umluft) vorheizen. Die Schnecken aus der Dose in ein Sieb geben und dabei den Saft auffangen. In jedes Häuschen zunächst 1 TL Saft, dann eine Schnecke geben. Mit einem kleinen Löffel die Kräuterbutter in das Häuschen drücken und so die Öffnung verschließen [→ b]. Die Schnecken nun nebeneinander auf ein mit Backpapier ausgelegtes Blech setzen und im Ofen so lange garen, bis die Butter schäumt. Das dauert ca. 10 Minuten.

Als feine Vorspeise serviert, passt dazu am besten frisches Weißbrot und ein gutes Glas Sekt.

**Die Variante**

**Schneckensüppchen**
48 Dosen-Schnecken in 1 l Rinderbrühe und ¼ l Weißwein mit 2 Zweigen Thymian kurz aufkochen und dann 10 Minuten ziehen lassen. 12 Schnecken herausnehmen und fein hacken. Je 30 g in feine Streifen geschnittene Karotten, Sellerie und Petersilienwurzel mit 1 Lorbeerblatt in etwas Butter mit den gehackten Schnecken andünsten. In die Brühe geben. 2 Eigelb mit etwas Brühe verquirlen und damit die Suppe legieren. Mit Muskat, Pfeffer und Salz würzen.

# WO DER BESEN HÄNGT

*daheim beim Winzer*

SIE SIND GASTSTUBEN AUF ZEIT: JEDER, DER EIGENEN WEIN AUSSCHENKEN UND DAZU WAS SELBSTGEKOCHTES ANBIETEN WILL, KANN EIN PAAR MONATE IM JAHR GÄSTE BEWIRTEN.

Besenwirtschaften sind in ihrer Art vielleicht die letzten Relikte aus den frühen Jahrzehnten der Bundesrepublik, in denen sie ihre ganz große Zeit hatten. Als das Geld noch richtig knapp und die kulinarische Entwicklung noch nicht so fortgeschritten war, boten sie die Gelegenheit, für wenig Geld auszugehen und Leute kennenzulernen. Anderenorts heißen sie Buschenschenken, Straußwirtschaften oder Törggelenstuben (in Südtirol), doch nirgends sind sie heute noch in dieser Dichte wie in Württemberg zu finden. Überall bieten sie Winzern, aber auch anderen landwirtschaftlichen Erzeugern die Möglichkeit, ihre eigenen Produkte direkt an den Kunden zu bringen. Natürlich als gesetzlich tolerierte Ausnahme, ohne Vollkonzession und hierzulande nur für vier Monate im Jahr; gestattet ist eine einzige Unterbrechung.

Besenwirtschaften haben meist dann geöffnet, wenn's im Weinberg und im Keller etwas ruhiger ist, also im Winter. Früher war es üblich, dass die Besenwirte ihre Garage, die Scheune oder auch mal die eigene gute Stube ausräumten, möglichst viele Sitzplätze hineinzwängten und in rauchgeschwängerter Atmosphäre rustikale und regionale Speisen auftischten: Blut- und Leberwurst, Ripple und Schäufele, Maultaschen in den gängigen Variationen, geräucherte Würste. Alles Hausmacher, oft aus eigener Schlachtung und fast immer mit dem unausweichlichen Sauerkraut dazu. Der Wein kam direkt aus dem Fass.

Inzwischen geht es meist „professioneller" zu. Wenngleich laut Besenverordnung (ja, so was gibt es!) nur einfache Speisen erlaubt sind, finden sich hie und da auch mal ein Zwiebelrostbraten oder ein paniertes Schnitzel auf der Karte. Doch sind es ohnehin nicht die lukullischen Reize, die zum Besuch einer Besenwirtschaft animieren. Viel wichtiger ist das persönliche Element, der Charme der Gastgeber. Oder auch mal das Knarzige, Knatschige, was bei den Wirten auf Zeit als urig oder original-originell gerne in Kauf genommen wird. Perfektion wird nicht erwartet. Es sind fast durch die Bank Familienbetriebe, jeder hilft mit, in der Küche oder im Ausschank.

Jeder Besengänger hat seine Geheimtipps. Die ausgeräumten Wohnstuben sind rar geworden, dafür wurden die Weinkarten um feine Qualitäten erweitert. Die Besenwirte sehen heute die Chance, nicht nur die Keller leer zu bekommen, sondern ihre Gäste für den Wein zu begeistern. Man kann deshalb davon ausgehen, dass man abends gemütlich eng sitzt, wenn der Reisigbesen über der Tür hängt.

# FORELLE BLAU
## *mit Dillkartoffeln*

DER BELIEBTESTE HEIMISCHE SPEISEFISCH: IM LÄNDLE MAG MAN SIE GERNE GEBRATEN NACH MÜLLERIN ART – ODER EBEN BLAU.

**Zutaten für 4 Portionen**

- 800 g kleine Kartoffeln
- Salz
- 4 küchenfertige Forellen (à 300 – 400 g)
- Saft von 2 Zitronen
- 1 Zwiebel
- 4 Nelken
- 250 g Wurzelgemüse
- 150 ml Weißwein
- 150 ml Weißweinessig
- 1 Lorbeerblatt
- 150 ml Sahne
- 1 EL frischer Meerrettich
- 1 EL Zitronensaft
- 1 EL Butter
- 4 Zweige Dill

**Zeitbedarf**

- 20 Minuten + 20 Minuten garen

**So geht's**

1. Die Kartoffeln in Salzwasser garen. Die ausgenommenen Forellen innen und außen waschen, aber nicht entschuppen [→ a]. Mit Zitronensaft beträufeln [→ b]. Die Zwiebel abziehen, mit den Nelken spicken. Das Wurzelgemüse (Möhren, Sellerie, Petersilienwurzel) putzen, waschen und in Stücke schneiden.
2. In einem großen Topf Salzwasser zum Kochen bringen. Wein und Essig zugießen. Die Zwiebel, das Gemüse und das Lorbeerblatt dazugeben. Aufkochen lassen und danach die Hitze reduzieren. Nach 5 Minuten das Gemüse herausnehmen, das Wasser soll nun nicht mehr köcheln. Die Forellen einlegen und ca. 10 – 12 Minuten gar ziehen lassen.
3. Die Sahne steif schlagen. Den Meerrettich schälen, reiben und unter die Sahne heben. Mit Zitronensaft abschmecken.
4. In einem Töpfchen die Butter zerlassen. Den Dill grob hacken. Die gegarten Kartöffelchen abgießen, pellen und in der Butter schwenken. Den Dill darüberstreuen.
5. Die Forellen aus dem Sud heben. Mit den Kartöffelchen und dem Sahnemeerrettich anrichten.

**FORELLE BLAU** Dass der Fisch „blau" wird, liegt an einer chemischen Reaktion. Die noch intakte Schleimschicht der Haut korrespondiert mit dem Essig des Suds und die Außenfarbe verändert sich. Dies funktioniert lediglich bei frischen Forellen; bereits am zweiten Tag ist die Schleimschicht zerstört.

DAS IST *wirklich* WICHTIG

**[a] SCHUPPEN** Junge Forellen haben sehr viele kleine Schuppen, die beim Garen weich werden und mitgegessen werden können.

**[b] ZITRONE** Beträufelt man den Fisch mit Zitronensaft, wird die Schleimhaut zusätzlich stabilisiert. Um sie zu schützen, den Fisch so wenig wie möglich anfassen.

# FORELLENRÖLLCHEN

## *in Riesling gegart*

MEIST WERDEN SIE ZWAR KALT GEGESSEN, DOCH KANN MAN MIT FORELLENFILETS AUCH IN DER WARMEN KÜCHE ETWAS RAFFINIERTES ANSTELLEN.

**Zutaten für 4 Portionen**

- 3 Zwiebeln
- 2 Knoblauchzehen
- 200 g Champignons
- 80 g Butter
- Salz
- 1 kleines Bund Kerbel
- 3 Frühlingszwiebeln
- 1 Stängel Zitronengras
- 3 Scheiben Ingwer
- 200 ml trockener Riesling
- 200 ml Fischfond
- 200 g Sahne
- 8 küchenfertige Forellenfilets (ohne Haut und Gräten)
- schwarzer Pfeffer aus der Mühle
- Butter für die Form

**Zeitbedarf**

- 30 Minuten + ca. 15 Minuten garen

**So geht's**

1. Die Zwiebeln und den Knoblauch schälen und fein hacken. Die Champignons putzen und grob würfeln.
2. Die Hälfte der Butter in einer Pfanne zerlassen. Die Zwiebeln darin bei mäßiger Hitze glasig andünsten. Den Knoblauch und die Pilze zugeben. 50 ml Wasser zugießen und mit etwas Salz würzen. Dünsten, bis die Flüssigkeit verdampft ist. Den Kerbel hacken und untermischen.
3. Die Frühlingszwiebeln in Ringe schneiden. In einem Topf die restliche Butter zerlassen und darin die Frühlingszwiebeln andünsten. Das Zitronengras putzen, mit dem Messer flach andrücken, in 4 Stücke schneiden und mit den Ingwerscheiben in den Topf geben. Mit Wein ablöschen, den Fischfond angießen. Ein paar Minuten aufkochen lassen, die Sahne zugießen, dann den Topf vom Herd nehmen.
4. Den Backofen auf 180 °C (Umluft 160 °C) vorheizen. Die Forellenfilets flach auf ein Holzbrett legen, mit Salz und Pfeffer würzen. Mit der Pilz-Zwiebel-Mischung bestreichen, vom dünnen Ende her aufrollen und mit einem Zahnstocher fixieren.
5. Eine Auflaufform mit Butter ausstreichen und die Röllchen hineinstellen. Mit dem Wein-Fisch-Sud übergießen. Die Form mit einem passenden Deckel oder mit Alufolie schließen und im Backofen ca. 15 Minuten garen.

Dazu passen junge Kartöffelchen und Blattsalate.

# BODENSEE-FELCHEN
## *in Butter gebraten*

FELCHEN, DIE MAN AUCH RENKEN NENNT, SIND DIE WOHL SCHMACKHAFTESTEN FISCHE, DIE ES IM „SCHWÄBISCHEN MEER" GIBT.

**Zutaten für 4 Portionen**

- 4 küchenfertige Blaufelchen (à 300 g)
- 5 Schalotten
- 80 g Butter
- 2 Stängel Zitronengras
- 400 g reife Tomaten
- 1 kleine Gärtnergurke
- Salz
- schwarzer Pfeffer aus der Mühle
- 250 g Sahne
- 150 ml Riesling
- 1 EL Koriandergrün

**Zeitbedarf**

- 30 Minuten + 20 Minuten garen

**So geht's**

1. Die Felchen innen und außen unter fließendem Wasser säubern. Vorsichtig filetieren (oder schon vom Fischhändler machen lassen). Die Schalotten abziehen und hacken. Die Hälfte der Butter in einem breiten Topf zerlassen und darin die Schalotten glasig anschwitzen. Die Zitronengrasstängel putzen. Den unteren Ansatz abschneiden und die dickere, untere Hälfte mit einem großen Messer sehr fein hacken. Kurz mit den Schalotten dünsten.
2. Die Tomaten kurz in kochendes Wasser tauchen, häuten, vierteln, entkernen und würfeln. Die Gurke schälen und ebenfalls würfeln.
3. Den Backofen auf 200 °C Umluft vorheizen. Die Felchenfilets rundum salzen und pfeffern. Mit den Tomaten und Gurken in Lagen übereinander oder nebeneinander auf die Schalotten geben. Dabei jede Lage mit Salz und Pfeffer würzen. Die Hälfte der Sahne und des Weins angießen. Die restliche Butter in Flocken obenauf verteilen. Den Topf schließen und für ca. 20 Minuten in den Ofen schieben, dabei nach 10 Minuten die restliche Sahne und den restlichen Wein zugießen.
4. Das Koriandergrün hacken. Die Felchenfilets anrichten und die Kräuter darüberstreuen.

Dazu passen junge Kartöffelchen.

DAS IST *wirklich* WICHTIG

**[a] FISCH FÜLLEN** Durch die Zugabe von etwas Butter kommt beim Garen das feine Aroma der Kräuter besser zur Geltung.

**[b] SPECKSCHEIBEN** schützen den Hecht vor dem Austrocknen. Sie können hier variieren und mit Schwarzwälder Schinken, geräuchertem Bauernschinken, luftgetrocknetem Serrano oder auch grünem Speck unterschiedliche Geschmacksakzente setzen.

[a]

[b]

# HECHT
## *in Zwiebelrahmsauce*

KEINE ANGST VOR GROSSEN FISCHEN: EIN TOLLER HECHT SCHMECKT, MIT KRÄUTERN GEFÜLLT UND MIT SPECK UMWICKELT, BESONDERS FEIN.

### Zutaten für 4 Portionen

- 1 küchenfertiger Hecht (ca. 2 kg)
- Salz, Pfeffer aus der Mühle
- 1 Bund Petersilie
- 8 Zweige Thymian
- 2 Zweige Rosmarin
- 50 g Butter
- 2 Limetten
- 4 Zwiebeln
- 100 g dünn geschnittener Bauchspeck
- 250 ml Weißwein
- 250 ml Sahne

### Zeitbedarf

- 30 Minuten + ca. 60 Minuten garen

### So geht's

1. Den Backofen auf 200 °C (Umluft 180 °C) vorheizen. Den Fisch innen und außen mit kaltem Wasser abspülen und trocken tupfen. Die Innenseite mit Salz und Pfeffer würzen.
2. Die Kräuter waschen, trocken schütteln und mit 2 TL Butter in die Bauchöffnung füllen [→ a]. 1 Limette in Scheiben schneiden und ebenfalls in den Fischbauch geben. Mit 3–4 Holzspießchen verschließen. Die Zwiebeln schälen und in feine Streifen schneiden.
3. In einem großen, ovalen Fischbräter die restliche Butter zerlassen und darin die Zwiebeln glasig anschwitzen. Den Hecht auf die Zwiebeln setzen und mit den Speckscheiben bedecken [→ b]. Im Backofen ca. 1 Stunde garen. Dabei nach 15 Minuten den Wein zugießen, nach weiteren 20 Minuten die Sahne.
4. Vor dem Servieren die Speckscheiben entfernen. Den Hecht mit dem Saft der zweiten Limette beträufeln.

Dazu passen Bandnudeln sehr gut.

**SO SCHMECKT'S AUCH** Da ein so großer Hecht nicht ganz einfach zu bekommen ist, kann man auch Barsche (z. B. Zander) oder Doraden verwenden. Diese Fische sind meist wesentlich kleiner, deshalb reduziert sich auch die Garzeit auf ca. 30 Minuten.

# LAUBFRÖSCHE *mit Fisch gefüllt*

„LAUBFRÖSCHE" NENNT MAN IM SCHWÄBISCHEN MEIST MIT FLEISCH GEFÜLLTE SPINATBLÄTTER. HIER WIRD DAS GRUNDREZEPT MIT FISCHFARCE VARIIERT.

**Zutaten für 4 Portionen**

- 8 große Blätter Mangold
- Salz
- 1 Stange Lauch
- 800 g Fischfilet (z. B. Wels)
- 150 g Sahne
- 2 Eier (Größe M)
- 1 TL grobkörniger Senf
- Schale und Saft von ½ Bio-Zitrone
- ¼ TL Cayennepfeffer
- ½ TL Currypulver
- Pfeffer aus der Mühle
- 100 g Sahne
- ¼ l Fischfond
- etwas Noilly Prat
- etwas Limettensaft
- etwas Zitronenthymian

**Zeitbedarf**

- 25 Minuten + 10 Minuten garen

**So geht's**

1. Die Mangoldblätter waschen, nacheinander in kochendem Salzwasser je 1 Minute blanchieren. Herausnehmen, in eiskaltem Wasser abschrecken und trocken tupfen. Die harten Stängel am unteren Ende entfernen oder mit einem Messer auf den Ober- und Unterseiten flach abkappen.
2. Den Lauch putzen und der Länge nach in 1 cm breite Streifen schneiden. Ebenfalls kurz blanchieren, abschrecken und trocken tupfen.
3. Die Fischfilets von eventuell vorhandenen Gräten befreien. In der Küchenmaschine mit der Sahne und den Eiern kurz pürieren. Senf, Schale und Saft der halben Zitrone untermischen. Mit Salz, Cayenne, Curry und Pfeffer abschmecken. Die restliche Sahne steif schlagen und unterheben.
4. Die Mangoldblätter auf einem Brett auslegen. Aus der Fischmasse 8 Nocken formen und auf die Mangoldblätter setzen **[→ a]**. Die Blätter aufrollen und mit Lauchstreifen umwickeln **[→ b]**.
5. In einem breiten Topf den Fischfond erhitzen und die Laubfrösche ca. 10 Minuten zugedeckt bei mittlerer Hitze garen. Danach herausnehmen und warm stellen. Den Fond etwas einkochen lassen, mit einem Schuss Noilly Prat, Limettensaft, Salz und Pfeffer sowie etwas gehacktem Zitronenthymian abschmecken.

Dazu passen Bouillonkartöffelchen oder Tagliatelle sehr gut.

## DAS IST *wirklich* WICHTIG

**[a] GUT GEKÜHLT** Damit die Farce eine feine Bindung erhält und nicht ausflockt, müssen alle Zutaten sehr gut gekühlt sein. Mit 2 Löffeln aus der Füllung Nocken formen und auf die Blätter verteilen. Die Löffel zwischendurch in heißes Wasser tauchen, so werden die Nocken glatt und schön.

**[b] GUT GEWICKELT** Die Mangoldblätter seitlich über der Fischfüllung einschlagen und fest aufrollen. Die Laubfrösche mit je 2 Lauchstreifen zusammenbinden.

# UNDERDOG IM GLAS

## *Württemberger Weinleben*

AUSSERHALB DER GRENZEN WÜRTTEMBERGS HAT DER WEIN AUS DEM LÄNDLE SO GUT WIE KEINE BEDEUTUNG, ER WIRD FAST AUSSCHLIESSLICH DORT KONSUMIERT, WO ER AUCH ERZEUGT WIRD.

Insbesondere an Neckar und Rems, im und am Stromberg und natürlich im Württemberger Unterland rund um Heilbronn gönnt man sich sein tägliches Viertele. Dabei hat der rasante Qualitätsaufschwung des deutschen Weins auch vor den Württemberger Winzern nicht haltgemacht. Mit fundierter Ausbildung und oft auch mit Auslandserfahrung übernimmt der Winzernachwuchs das Ruder im heimischen Keller und steuert den Betrieb in eine moderne Richtung.

Den Fehler, alles Traditionelle über Bord zu werfen, macht man dabei nicht: Trollinger, Riesling, Schwarzriesling und Lemberger werden noch eine ganze Weile die führenden Rebsorten bleiben. Und ja, es gibt auch noch die typischen Henkelgläser, die Lieblingsgläser der „Viertelesschlotzer", jener aussterbenden Spezies, die ihren Wein gemächlich und in aller Seelenruhe trinkt. Am liebsten eben Riesling oder Trollinger, wenn's geht auch mit etwas Lemberger drin.

Der moderne Weinfreund kann sich im Lande inzwischen mit einer ganzen Reihe erstklassiger Tropfen eindecken. War die nicht erzielte Vollreife der Trauben früher mal ein Problem für die Winzer, so haben größere Erfahrung und wärmere Jahreszeiten es heute gelöst. Selbst anspruchsvolle Rebsorten wie Cabernet Sauvignon liegen rund und mächtig in den Barrique-Kellern der Betriebe und warten auf erstaunte Käufer, die solche Qualitäten noch vor zwei Jahrzehnten vergeblich gesucht hätten.

Doch nicht nur die selbstvermarktenden Betriebe sind es, die nach vorne gehen. Über 70 Prozent der Weingüter sind genossenschaftlich organisiert, und gerade hier finden sich die vielleicht aufregendsten Entwicklungen: Aus oftmals reinen Massenabfüllern wurden Unternehmen, die ihre Mitglieder über Schulungen, Vergleichsverkostungen und natürlich auch über finanzielle Anreize dazu brachten, im Wengert so zu wirtschaften, als seien es danach ihre eigenen Flaschenweine. Dass man dann schon mal von „Genossenschaft" in „Manufaktur" umfirmiert, ist Ausdruck eines neuen Selbstverständnisses.

„Kenner trinken Württemberger" – der Marketingslogan mag vielleicht etwas in die Jahre gekommen sein, doch war er nie so wahr wie heute. Dass man das in der großen Welt draußen nicht weiß, ist dem Schwaben egal. Er ist gerne ein wenig unterschätzt. Wie sein Wein.

# MISTKRATZERLE
## *würzig gefüllt*

„MISTKRATZERLE" NENNT MAN STUBENKÜKEN, ETWA SECHS WOCHEN ALT UND 400 G SCHWER. FEIN GEFÜLLT SIND SIE BEEINDRUCKEND LECKER!

**Zutaten für 4 Portionen**

- 4 Stubenküken (à 400 g)
- 200 g Steinpilze (oder Pilze der Saison)
- 250 g Geflügelleber
- 200 g gekochter Schinken
- 30 g getrocknete Tomaten in Öl
- 3 Schalotten
- 2 Knoblauchzehen
- 2 Eier
- 4 EL Semmelbrösel
- Salz, Pfeffer aus der Mühle
- 250 g saure Sahne
- 8 Scheiben durchwachsener Speck
- 200 ml heiße Geflügelbrühe
- 200 g Sahne
- 20 ml Noilly Prat oder Cognac

**Zeitbedarf**

- 1 Stunde + 45 Minuten garen

**So geht's**

1. Die Küken waschen und trocken tupfen. Die Pilze putzen und klein würfeln. Die Leber unter fließendem Wasser säubern, von Sehnen befreien und hacken. Den Schinken in kleine Würfel schneiden, ebenso die getrockneten Tomaten. Schalotten und Knoblauch abziehen und fein hacken.
2. Den Backofen auf 180 °C (Umluft 160 °C) vorheizen. Pilze, Leber, Schinken, Tomaten, Schalotten und Knoblauch mit Eiern, Semmelbröseln, Salz, Pfeffer und der sauren Sahne vermengen. Die Stubenküken mit Salz und Pfeffer würzen, mit der Pilzmischung füllen und mit Holzstäbchen verschließen [→ a].
3. Die Speckscheiben auf Brust und Schenkel verteilen [→ b] und die Stubenküken in einen Bräter setzen. Die heiße Geflügelbrühe angießen. Die Küken im Ofen ca. 45 Minuten garen. Danach herausnehmen, auf eine Servierplatte setzen und wieder in den ausgeschalteten Ofen stellen. Einen Kochlöffel zwischen die Ofentüre klemmen, damit Luft entweichen kann.
4. Die Bratflüssigkeit in einen kleinen Topf geben, mit der Sahne aufkochen und etwas einreduzieren. Mit Salz und Pfeffer abschmecken, mit Noilly Prat oder Cognac aromatisieren. Die Mistkratzerle mit der Sauce servieren.

Dazu passen schmale Bandnudeln.

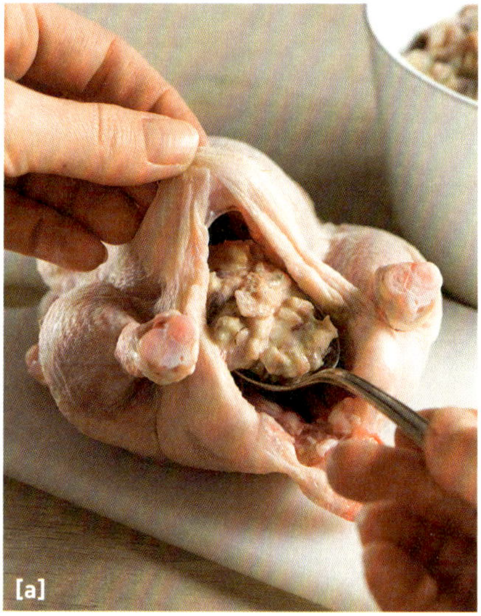

DAS IST *wirklich* WICHTIG

**[a] FÜLLUNG** Die Stubenküken prall mit der Pilzmischung füllen. Das hält beim Garen mehr Flüssigkeit im Fleisch und lässt es besonders zart werden. Anstatt Holzspießchen zu verwenden, kann man die Küken auch mit Küchengarn zunähen.

**[b] SPECK** Verwenden Sie gut durchwachsenen oder sogar grünen Speck, keinen luftgetrockneten Schinken. Denn der Speck soll das zarte Fleisch nur schützen und nicht zu kräftig würzen.

# HIRSCHMEDAILLONS *mit Preiselbeeren*

ZARTES, AROMATISCHES WILDFLEISCH IST GENAU DAS RICHTIGE, WENN FÜR GÄSTE MAL WAS BESONDERES AUF DEN TISCH KOMMEN SOLL.

**Zutaten für 4 Portionen**

- 1 kg Hirschfilet
- 300 g Preiselbeeren oder Cranberries
- Butterschmalz zum Anbraten
- 300 g Wildknochen (oder Rinder-Fleischknochen)
- 1 Flasche Trollinger
- 1 EL Johannisbeergelee
- einige Zweige Thymian
- 3 Wacholderbeeren
- Salz, schwarzer Pfeffer aus der Mühle
- 150 g Sahne
- 10 ml Weinbrand oder Cognac

**Zeitbedarf**

- 15 Minuten + 2 Stunden für die Sauce

**So geht's**

1. Das Hirschfilet von Häuten und Sehnen befreien und abgedeckt im Kühlschrank bis zur weiteren Verwendung lagern.
2. Die Preiselbeeren in einem Sieb kalt abspülen und abtropfen lassen. In einem mittelgroßen Topf 1 EL Butterschmalz zerlassen. Die Knochen klein hacken und zusammen mit den Filetabschnitten im Topf anrösten, bis sie Farbe genommen haben. Die Hälfte der Preiselbeeren zufügen, mit dem Rotwein auffüllen. Das Johannisbeergelee, die Thymianzweige und Wacholderbeeren dazugeben. Die Sauce ca. 2 Stunden bei kleiner Hitze köcheln lassen.
3. Das Hirschfilet in 2,5–3 cm dicke Scheiben schneiden. In einer Pfanne 1 EL Butterschmalz erhitzen und darin die Medaillons von jeder Seite ca. 2 Minuten anbraten – das Filet darf innen noch rosa sein. Erst zum Schluss mit Salz und Pfeffer würzen. Das Fleisch aus der Pfanne nehmen und im Backofen bei 70 °C warm stellen. Im Bratensatz die restlichen Preiselbeeren für 3 Minuten bei mäßiger Hitze anschwenken.
4. Zu der inzwischen auf mindestens die Hälfte eingekochten Sauce die Sahne angießen und nochmals kurz aufkochen lassen. Mit Salz, Pfeffer und etwas Cognac abschmecken. Die Sauce durch ein Sieb passieren.
5. Die Medaillons aus dem Ofen nehmen, mit der Sauce anrichten und mit Preiselbeeren garnieren.

Dazu passen Spätzle oder breite Nudeln besonders gut.

# EBBES SIASSES

## *Nachtisch muss sein!*

DIE DEUTSCHE MEISTERSCHAFT IN DER VARIATION VON SÜSSSPEISEN DÜRFTE SPIELEND INS SCHWABENLAND GEHEN. UND DIE REZEPTE ZEIGEN DIE ERDVERBUNDENHEIT DER BEWOHNER.

# OFENSCHLUPFER *mit Äpfeln und Rosinen*

EINE IDEALE VERWERTUNG FÜR ALTES BROT UND DAZWISCHEN KANN MAN NACH LUST UND LAUNE SÜSSES ODER HERZHAFTES SCHICHTEN.

**Zutaten für 4 Portionen**

- 6 altbackene Brötchen
- 4 säuerliche Äpfel (z. B. Boskoop, Elstar)
- Butter für die Form
- 50 g Rosinen
- 40 g Mandelblättchen
- 3 Eier (Größe M)
- ½ l Milch
- 200 g Sahne
- 50 g Puderzucker
- 1 Vanilleschote

**Zeitbedarf**

- 25 Minuten + ca. 45 Minuten backen

**So geht's**

1. Die Brötchen in dünne Scheiben schneiden. Die Äpfel schälen, das Kerngehäuse entfernen und die Äpfel in ½ cm dicke Scheiben schneiden [→ a].
2. Eine Auflaufform mit Butter ausstreichen. In die Form zunächst eine Lage Brötchen füllen, darauf eine Lage Apfelscheiben. Mit Rosinen und Mandeln bestreuen. Mehrere Lagen einschichten, bis alle Zutaten aufgebraucht sind [→ b].
3. Den Backofen auf 170 °C Umluft vorheizen. Die Eier in einer Schüssel aufschlagen und mit Milch, Sahne und Puderzucker verquirlen. Die Vanilleschote längs aufschlitzen, das Mark herausschaben und unter die Mischung rühren.
4. Die Eiermilch über die Brötchen-Apfel-Schichten gießen und den Ofenschlupfer im Backofen ca. 45 Minuten backen, bis die Oberfläche goldbraun ist. Evtl. mit Puderzucker bestäuben und servieren.

Dazu passt eine Vanillesauce besonders gut.

**SO SCHMECKT'S AUCH** Statt Brötchen kann man auch Hefezopf verwenden (dann weniger Zucker nehmen), statt Äpfel Kirschen, Birnen oder Aprikosen. Oder herzhaft: mit Lauch, Champignons, Speckwürfeln und Bergkäse. Wer möchte, kann die Sahne weglassen und dafür die Milchmenge entsprechend erhöhen.

DAS IST *wirklich* WICHTIG

**[a] DIE KERNE** sorgfältig entfernen, mit einem Apfelausstecher geht das am besten. Die Äpfel danach in ½ cm dicke Scheiben schneiden.

**[b] DIE ZUTATEN** abwechselnd in die Form schichten, dabei mit Brötchenscheiben als letzter Schicht abschließen.

[a]

[b]

# DAS SCHWABENKORN

## *Dinkel ohne Dünkel*

IN FRÜHEREN ZEITEN WAR DIESER ENGE VERWANDTE DES WEIZENS DAS HAUPTANBAUGETREIDE IN WÜRTTEMBERG UND WIRD DESHALB AUCH „SCHWABENKORN“ GENANNT.

Der Dinkel ist kein verwöhntes Pflänzchen, er verträgt raues Klima, braucht aber fruchtbaren Boden. Mit beidem kann das Ländle durchaus dienen. Ein Korn wie ein Schwabe also: genügsam, „schafferig“ auch unter widrigen Umständen. Durch den hohen Kleberanteil des Dinkelkorns konnte man in Notzeiten auch mal den Spätzleteig ohne Eier anrühren. Und aus kräftig geröstetem Dinkel wurde „der Muckefuck“, ein Ersatzkaffee, hergestellt.

Für den Massenanbau ist Dinkel allerdings uninteressant. Die Pflanzen wachsen bis zu zwei Meter hoch, was sie regen- und windanfällig macht. Künstliche Dünger erhöhen, anders als beim Weizen, den Ertrag nicht. Und das Ernten ist mühsam: Weil das Korn fest mit den Spelzen, den Kornhüllen, verwachsen ist, braucht es einen zusätzlichen Arbeitsgang, um sie zu entfernen. Kein Wunder also, dass Dinkel vom Weizen verdrängt wurde. Erst in den 1980er Jahren sorgte die Naturkostbewegung für eine Renaissance.

Die Backfähigkeit von Dinkel ist vielleicht nicht ganz so unproblematisch wie die von reinem Weizenmehl, obwohl er einen deutlich höheren Klebergehalt besitzt. Und die Backwaren werden auch schneller hart. Allerdings ist die auf Dinkel basierende schwäbische Seele – und hier ist nicht mal der regionale Gemütszustand, sondern eine Backspezialität gemeint, die Sie auf Seite 24 zum Nachmachen finden – ebenso wie Knauzenwecken aus dem kulinarischen Alltag kaum wegzudenken. Und gesundheitlich betrachtet liegt das Schwabenkorn ganz weit vorne: Mineralstoffe und Vitamine satt, mehr als der beste Weizen. Viele Allergiker vertragen Dinkel deutlich besser als andere Getreidesorten.

Eine Spezialität ist auch Grünkern, unreif geernteter und dann gedarrter, also getrockneter Dinkel, der sich wegen seiner kernigen Würze steigender Beliebtheit erfreut. Er eignet sich ideal für Suppen, Füllungen, Klößchen oder Bratlinge und auch als Alternative zu Reis.

# GUGELHUPF
## *mit Rosinen*

DIESER NAPFKUCHEN AUS HEFETEIG WIRD IN DER GANZ TYPISCHEN KRANZFORM MIT KAMINARTIGER ÖFFNUNG IN DER MITTE GEBACKEN.

**Zutaten für 1 Form**

- 100 g Rosinen
- 3 EL Rum
- 500 g Mehl
- 200 ml Milch
- 1 Würfel Hefe (42 g)
- 1 TL Zucker
- 4 Eier (Größe M)
- 1 Prise Salz
- 150 g weiche Butter
- 125 g Zucker
- 1 Päckchen Vanillezucker
- abgeriebene Schale von 1 Bio-Zitrone
- 1 TL Mehl
- Butter für die Form

**Zeitbedarf**

- 20 Minuten + ca. 45 Minuten ruhen + 60 Minuten backen

**So geht's**

1. Die Rosinen mit dem Rum in eine kleine Schale geben und durchziehen lassen. Das Mehl in eine Schüssel geben. Die Milch leicht erwärmen. Die zerbröckelte Hefe in einer Tasse mit einigen Löffeln warmer Milch und 1 TL Zucker verrühren und ca. 15 Minuten gehen lassen.
2. Die aufgelöste Hefe zum Mehl gießen. Die Eier dazuschlagen und mit der restlichen Milch, Salz, Butter, Zucker, Vanillezucker und der fein abgeriebenen Zitronenschale einen geschmeidigen, weichen Teig kneten **[→ a]** und ca. 30 Minuten gehen lassen.
3. Den Backofen auf 180 °C (Umluft 160 °C) vorheizen. Die Rosinen durch ein Sieb geben. Die abgetropften Rosinen mit 1 TL Mehl bestäuben und unter den Teig kneten **[→ b]**.
4. Eine Gugelhupfform gut ausbuttern, den Teig einfüllen und im vorgeheizten Backofen ca. 1 Stunde backen. Auf ein Kuchengitter stürzen und auskühlen lassen.

**SO SCHMECKT'S AUCH** **Man kann den Gugelhupf auch mit Früchten zubereiten. Anstelle der Rosinen z. B. 250 g entsteinte Kirschen zum Schluss unter den Teig arbeiten. Zusätzlich kann man 100 g Joghurt untermischen. Der Gugelhupf kann auch mit Eierlikör, Grand Marnier oder edelsüßem Weißwein verfeinert werden. Den Milchanteil dabei jeweils um die verwendete Menge reduzieren.**

## DAS IST *wirklich* WICHTIG

**[a] DER TEIG** muss gut durchgeknetet werden, was ca. 5 Minuten dauern kann.

**[b] ROSINEN** In Rum eingelegt machen die Rosinen den Gugelhupf besonders aromatisch. Damit sie nicht auf den Kuchenboden absinken, bestäubt man sie mit etwas Mehl, bevor man sie zum Teig gibt.

[a]

[b]

## DAS IST *wirklich* WICHTIG

**[a] ZOPF FLECHTEN** Immer die jeweils außen liegende „Strähne" abwechselnd von links nach rechts und von rechts nach links über den mittleren Teigstrang ziehen.

**[b] BESTREICHEN** Den Hefezopf mit einem Pinsel mit verquirltem Eigelb bestreichen (man kann es auch mit 1 EL Milch verrühren), damit die Oberfläche beim Backen appetitlich braun-glänzend wird.

# HEFEZOPF
## *mit Mandeln*

ZU EINEM SCHÖNEN FRÜHSTÜCK AM WOCHENENDE GEHÖRT ER EINFACH DAZU, AM BESTEN MIT KONFITÜRE, MIT SELBST GEMACHTEM „GSÄLZ".

### Zutaten für 1 Zopf

- 200 ml Milch
- 1 Würfel Hefe (42 g)
- 500 g Weizenmehl
- 120 g weiche Butter
- 1 Ei, 2 Eigelb
- 80 g Zucker
- 1 Prise Salz
- abgeriebene Schale von ½ Bio-Orange
- 1 Eigelb zum Bestreichen
- Hagelzucker und Mandelstifte zum Bestreuen

### Zeitbedarf

- 20 Minuten + 90 Minuten ruhen + 40 Minuten backen

### So geht's

1. Die Milch leicht erwärmen, die Hefe hineinbröckeln und mit 4–5 EL Mehl in einer Schüssel einen Vorteig anrühren. Zugedeckt an einem warmen Ort ca. 30 Minuten gehen lassen.
2. In einer großen Schüssel Butter, Ei, Eigelbe, Zucker, Salz und Orangenschale mit dem Vorteig und dem restlichen Mehl zu einem glatten Teig verarbeiten. Bei Bedarf noch etwas Milch zufügen. Zugedeckt an einem warmen Ort ca. 60 Minuten gehen lassen.
3. Den Teig in 3 Teile portionieren und auf einer bemehlten Arbeitsfläche zu 3 gleich langen Rollen formen. Daraus einen Zopf flechten [→ a], dabei die Enden enger zueinander flechten und unter den Zopf ziehen.
4. Den Backofen auf 180 °C (Umluft 160 °C) vorheizen. Den Hefezopf auf ein mit Backpapier ausgelegtes Blech oder in eine gefettete Kastenform geben. Mit Eigelb bestreichen [→ b], Hagelzucker und Mandelstifte darüberstreuen. Im Ofen ca. 40 Minuten backen.

**SO SCHMECKT'S AUCH** Wer mag, kann unter den Teig noch 100 g Rosinen kneten. Oder den Hefezopf füllen: 1 Becher Crème fraîche mit 200 g gemahlenen oder gehackten Haselnüssen, 100 g Zucker und 2 Eiern gut verrühren. Den Teig zu einem Rechteck ausrollen und mit der Füllung bestreichen. Längs zusammenrollen, in 3 gleich lange Stücke teilen und dann vorsichtig einen Zopf daraus flechten.

# HUTZELBROT
## *mit feinen Früchten*

NICHT NUR „HUTZELN", GETROCKNETE BIRNEN, SIND IN DIESEM SAFTIGEN FRÜCHTEBROT, DAS TRADITIONELL IN DER WEIHNACHTSZEIT GEBACKEN WIRD.

**Zutaten für 4 Brote**

- 300 g gedörrte Birnen
- 300 g gedörrte Zwetschgen
- 90 g Mandeln
- 70 g Nusskerne
- 50 g Datteln
- 100 g Feigen
- je 50 g Zitronat und Orangeat
- 1 Würfel Hefe (42 g)
- 500 g Weizenmehl
- 120 g Rosinen
- abgeriebene Schale von ½ Zitrone
- 1 Msp. Nelkenpulver
- 1 TL Anis
- 40 g Zucker
- 1 TL Salz
- Mandelblättchen und Zitronat

**Zeitbedarf**

- 30 Minuten + ca. 2 Stunden ruhen + 35 Minuten backen

**So geht's**

1. Birnen und Zwetschgen getrennt voneinander in etwas Wasser ca. 30 Minuten kochen. Dann abgießen, dabei das Zwetschgenwasser auffangen und beiseitestellen. Man kann die Früchte auch in der Flüssigkeit über Nacht stehen lassen.
2. Die abgetropften Früchte grob zerkleinern. Mandeln, Nüsse, Datteln und Feigen ebenfalls grob zerkleinern, Zitronat und Orangeat fein würfeln. Bis zur weiteren Verarbeitung an einem warmen Platz zwischenlagern.
3. Aus der Hälfte der zerbröckelten Hefe mit etwas Mehl und lauwarmem Wasser einen Vorteig anrühren und ca. 20 Minuten gehen lassen, bis sich kleine Blasen bilden. Danach die restliche Hefe zufügen. Den Vorteig mit Mehl und mit etwas warmer Zwetschgenbrühe zu einem festen, nicht zu feuchten Teig kneten. Dann die restlichen Zutaten zugeben und kräftig unterkneten **[→ a]**.
4. Aus dem Teig 4 Brotlaibe formen **[→ b]** und auf ein mit Mehl bestäubtes Backblech setzen. An einem warmen Ort ca. 1 Stunde zugedeckt gehen lassen. Die Brote danach eventuell mit etwas Zwetschgenbrühe bestreichen und mit Mandelblättchen und Zitronat dekorieren.
5. Den Backofen auf 170 °C vorheizen. Das Backblech mit den Broten in die Mitte des Ofens schieben und ca. 1 Stunde backen. Herausnehmen und auf einem Kuchengitter abkühlen lassen. Das Hutzelbrot ist mehrere Monate haltbar und sollte vor dem Anschneiden mindestens 14 Tage ruhen.

DAS IST *wirklich* WICHTIG

**[a] TEIG ZUBEREITEN** Rollen Sie den Hefeteig zu einem langen Strang aus, dann kann man beim Zusammenklappen mehrere „Ebenen“ bilden, zwischen die man jeweils die Füllung gibt. So lassen sich Teig und Früchte besser vermischen.

**[b] BROTE FORMEN** Aus dem mit etwas Muskeleinsatz gut verkneteten Teig 4 ovale Brotlaibe formen.

# FASNETSKÜCHLE
## *fein ausgebacken*

NICHT NUR DIE MIT MARMELADE GEFÜLLTEN BERLINER, AUCH DIESE EINFACHEN, UNGEFÜLLTEN HEFE-KÜCHLE SIND EIN MUSS IN DER FASCHINGSZEIT.

### Zutaten für 4 Portionen

- 200 ml Milch
- 1 Würfel Hefe (42 g)
- 30 g Zucker
- 500 g Mehl
- 1 Prise Salz
- 30 g weiche Butter
- 1 Ei
- 3 EL Honig
- 1 Bio-Zitrone
- 2 EL Rum
- 1 Päckchen Vanillezucker
- 500 g Butterschmalz oder Öl zum Ausbacken
- Puderzucker zum Bestäuben

### Zeitbedarf

- 15 Minuten + ca. 45 Minuten ruhen + 15 Minuten ausbacken

### So geht's

1. Die Milch leicht erwärmen. 4 EL davon in eine kleine Schüssel geben, die Hefe hineinbröckeln und mit 1 TL Zucker mit einer Gabel einen Vorteig anrühren. Kurz gehen lassen.
2. Das Mehl in eine Schüssel geben, in die Mitte eine Mulde drücken und den Vorteig hineingießen. Salz, restlichen Zucker, Butter, Ei, Honig, Saft und fein abgeriebene Schale der Zitrone, Rum und Vanillezucker zugeben und zu einem geschmeidigen Teig verkneten. An einem warmen Ort zugedeckt ca. 30 Minuten gehen lassen.
3. Den Teig auf einer mit Mehl bestäubten Arbeitsfläche nochmals durchkneten und ca. 3 mm dick ausrollen. Die Teigplatte in Rechtecke von ca. 8 cm Kantenlänge teilen **[→ a]**.
4. In einer tiefen Pfanne oder in einer Fritteuse Butterschmalz oder Öl erhitzen und darin die Küchle nacheinander von beiden Seiten hellbraun ausbacken **[→ b]**. Herausheben und auf Küchenpapier abtropfen lassen. Mit Puderzucker bestäuben und möglichst gleich servieren.

**DIE KÜCHLE sind in ganz Süddeutschland beliebt. Die Form ist zwar meist viereckig, doch existieren sie auch in runder Version. Dann nennt man sie „Ausgezogene" oder „übers Knie Gezogene", weil man kleine Teigkugeln früher so über dem Knie auseinanderzog, dass sie in der Mitte am dünnsten waren. Denn anderenfalls gehen die Küchle in der Mitte stark auf, sind aber innen hohl – im Fränkischen heißen sie daher auch „Kopfkissen".**

DAS IST *wirklich* WICHTIG

**[a] AUSRÄDELN** Mit einem Teigrädchen kann man den ausgerollten Teig am besten in Rechtecke zerteilen, ohne dass er sich verzieht. Und es entsteht ein schönes Wellenmuster.

**[b] AUSBACKEN** Mit der Schöpfkelle etwas Öl über die Küchle gießen, damit der Teig gleichmäßig aufgehen kann.

[a]

[b]

# STREUOBSTWIESEN
## *kein Obst von der Stange*

„MOSTTRINKER SIND NATURSCHÜTZER!" – SO HIESS ES IN DEN 1980ER JAHREN. DENN TRADITIONELL WIRD MOST IN WÜRTTEMBERG AUS OBST GEPRESST, DAS VON SOGENANNTEN STREUOBSTWIESEN STAMMT.

Früher zur Eigenversorgung der eher armen Landbevölkerung gedacht, dienen diese Streuobstwiesen heute dem Erhalt alter Obstsorten. Es sind zumeist recht alte, aber in der Regel gut gepflegte Anlagen von Hochstamm-Obstbäumen, bei denen keine synthetischen Spritz- oder Düngemittel zum Einsatz kommen. Und es sind Sorten, die wegen ihrem hohen Säureanteil und ihrer geringen Haltbarkeit nicht als Tafelobst in den Handel kommen. Bunt gemischt findet man hier Äpfel wie Gravensteiner und Glockenapfel, Jakob Fischer oder den Luikenapfel, Sülibirne oder Karcherbirne, Dattelzwetschgen, Reineclauden oder die Dollesettler Brennkirsche einträchtig nebeneinander.

Wichtiger Aspekt ist die kluge, umsichtige und nachhaltige Mehrfachnutzung der Fläche: Anders als im Erwerbs-Obstanbau mit bis zu 4.000 Niederstammbäumchen pro Hektar teilen sich hier etwa 60 bis 100 Bäume diese Fläche. Sie ist zugleich auch Weide für Nutztiere oder das gemähte Gras wird als Heu für die Fütterung verwendet. Auch Bienenstämme spielen eine wichtige Rolle – bei der Befruchtung der Blüten im Frühjahr.

Nicht selten sind Streuobstwiesen als Terrassen mit Trockenmauern angelegt – und hier schließt sich dann vollends der Kreis einer intakten Natur: Tausende Arten von Vögeln, Insekten und Kleinstlebewesen finden in solchen Biotopen ihre einzigen noch verbliebenen Lebensräume.

Die Pflege dieser Grundstücke ist meist mühsame Handarbeit. Sense statt Elektrorasenmäher, Kurse in Baumschnitt-Technik, statt nur faul im Schatten zu liegen. Trotzdem sind diese Wiesen, die man gegen geringes Entgelt pachten kann, auch bei Städtern sehr gefragt. Und auch wenn man das Obst nicht einlagern kann, es gibt einige andere Verwertungsmöglichkeiten: Kompott, Marmelade und Gelee kann man ganz einfach selbst herstellen. Saft oder Most bekommt man, wenn man die Früchte zum Pressen bei einem Bauern abliefert. Und dann gibt es da noch die Königsdisziplin: Obst in seiner reinsten Form, gebrannt zu feinem Schnaps. Am besten von einem Brenner, der sein Handwerk versteht und ohne Zuckerzusatz und Aromastoffe arbeitet. Es ist also ganz einfach und sehr genussvoll, ein Naturschützer zu werden!

# HOLLERKÜCHLE

## *mit Pfirsich-Buttermilch*

HOLUNDERBLÜTEN, DIE MAN VON ANFANG MAI BIS ENDE JUNI PFLÜCKEN KANN, SCHMECKEN NICHT NUR TOLL, SONDERN SEHEN AUCH SEHR DEKORATIV AUS.

**Zutaten für 4 Portionen**

- 4 reife Pfirsiche
- 40 g Zucker
- 20 ml Aprikosenbrand oder 40 ml Aprikosenlikör
- 4 Blatt Gelatine
- 200 ml Buttermilch
- 16 Holunderblütendolden
- 80 g Puderzucker
- 4 Eier
- 1 Prise Salz
- ⅛ l Milch
- 180 g Weizenmehl
- 3–4 EL Pflanzenfett zum Ausbacken

**Zeitbedarf**
- 40 Minuten

**So geht's**

1. Die Pfirsiche kurz in kochendes Wasser tauchen, kalt abschrecken und die Haut abziehen. Die Früchte halbieren, entkernen und in Stücke schneiden. Das Fruchtfleisch in einem hohen Becher mit Zucker und Aprikosenbrand oder -likör pürieren. Die Gelatine in kaltem Wasser einweichen, ausdrücken und zusammen mit der Buttermilch unter das Püree mischen. In kleine Schälchen oder Tassen füllen und kalt stellen.
2. Die Holunderblütendolden unter kaltem Wasser abspülen und auf Küchenkrepp abtropfen lassen. Den Puderzucker sieben. Die Eier trennen.
3. In einer Schüssel Eigelbe, Salz und Milch verrühren. Die Eiweiße in einer zweiten Schüssel mit dem Schneebesen oder dem Handrührgerät zu Eischnee schlagen, den Puderzucker nach und nach unterschlagen. Dann das Mehl vorsichtig untermengen, zum Schluss die Eigelbmasse.
4. In einem kleineren Topf das Fett auf ca. 170 °C erhitzen. Wenn sich um einen ins Fett gehaltenen Kochlöffel kleine Bläschen bilden, ist das Fett heiß genug. Die Dolden einzeln in den Teig tauchen, etwas abtropfen lassen. Im Fett ca. 2–3 Minuten knusprig hellbraun ausbacken und mit einem Schaumlöffel auf Küchenkrepp zum Abtropfen setzen. Auf Tellern mit der Pfirsich-Buttermilch anrichten, evtl. mit Puderzucker bestreuen.

**HOLUNDERBLÜTEN** **Die Dolden sollte man an trockenen Tagen pflücken, wenn sie nass sind, können sie leicht schimmeln. Gut ausschütteln, da sich kleine Insekten in den Blüten verstecken können.**

# APFELKÜCHLE
## *in Bierteig*

GANZ EINFACH UND SCHNELL ZUBEREITET: MIT DIESEN FEINEN APFELRINGEN ZUM NACHTISCH KANN MAN BEI GROSS UND KLEIN PUNKTEN.

**Zutaten für 4 Portionen**

- 3 Eier
- 100 g Mehl
- 50 g Zucker
- 1 EL Öl
- 150 ml Hefeweizen-Bier
- 1 Prise Salz
- 4 große, säuerliche Äpfel (z. B. Boskoop)
- Saft von 1 Zitrone
- Öl zum Ausbacken (z. B. Sesamöl)
- Puderzucker und Zimt zum Bestäuben

**Zeitbedarf**
- 30 Minuten

**So geht's**

1. Die Eier trennen. Die Eigelbe mit Mehl, Zucker und Öl in einer Schüssel mit dem Handrührgerät zu einem glatten Teig verarbeiten. Nach und nach das Bier untermischen. Die Eiweiße mit dem Salz zu steifem Schnee schlagen und unter den Teig heben. Ein paar Minuten ruhen lassen, damit der Teig quellen kann.
2. In der Zwischenzeit die Äpfel schälen und mit einem Apfelausstecher vom Kerngehäuse befreien. Die Äpfel in ca. 1 cm dicke Scheiben schneiden und mit Zitronensaft beträufeln, damit sie nicht braun werden.
3. Das Öl in einer hohen Pfanne auf ca. 170 °C erhitzen. Wenn sich um einen Kochlöffel kleine Bläschen bilden, hat das Öl die richtige Temperatur. Den Teig, vor allem wenn er länger steht, noch mal gut durchrühren.
4. Die Apfelscheiben portionsweise durch den Teig ziehen und im heißen Öl schwimmend auf beiden Seiten goldbraun ausbacken. Mit einer Schaumkelle herausheben, auf Küchenpapier zum Abtropfen legen. Bis alle Apfelscheiben ausgebacken sind, im Backofen warm stellen. Zum Servieren mit Puderzucker und Zimt bestäuben.

Dazu passt Vanillesauce, eine Kugel Vanille-Eis oder auch ein Fruchtkompott.

**SO SCHMECKT'S AUCH** **Den Ausbackteig für die Apfelküchle kann man auch mit einem leichten Weißwein statt mit Bier ansetzen.**

# KIRSCHENMICHEL *mit Mandeln*

WENN IM JULI REIFE SÜSSKIRSCHEN GEERNTET WERDEN, DANN SCHMECKT DIESER SAFTIGE KUCHEN NATÜRLICH BESONDERS GUT!

**Zutaten für 1 Springform (Ø 30 cm)**

- 1 kg dunkle Süßkirschen
- 6 Eier
- 1 Prise Salz
- 400 g Zwieback oder altbackenes Vollkornbrot
- ¼ l heiße Milch
- 120 g warme Butter
- 100 g Zucker
- 130 g gem. Mandeln
- 1 TL Zimt
- ⅛ l trockener Rotwein
- 40 ml Kirschwasser
- Butter und Semmelbrösel für die Form

**Zeitbedarf**

- 30 Minuten + ca. 70 Minuten backen

**So geht's**

1. Die Kirschen entsteinen und in einem Sieb abtropfen lassen, dabei den ablaufenden Saft auffangen.
2. Die Eier trennen. Die Eiweiße mit Salz zu steifem Schnee schlagen. Den Zwieback oder das in Scheiben und dann in Stücke geschnittene Vollkornbrot mit der heißen Milch übergießen und gut durchziehen lassen, sodass die Milch aufgesogen wird.
3. In einer Schüssel die Butter mit Zucker schaumig schlagen, nach und nach die Eigelbe unterrühren. Mandeln, Zimt, Rotwein, Kirschwasser, aufgefangenen Kirschsaft und Zwieback oder Vollkornbrot dazugeben und gut vermischen. Dann das Eiweiß unterziehen [→ a]. Zum Schluss die Kirschen unterheben.
4. Den Backofen auf 180 °C (Umluft 160 °C) vorheizen. Eine Springform mit Butter einfetten und mit den Semmelbröseln ausstreuen [→ b]. Den Teig in die Form füllen und 60–80 Minuten backen.

Den Kirschenmichel kalt mit etwas Schlagsahne servieren. Er schmeckt aber auch warm, mit Vanillesauce sehr gut.

**SO SCHMECKT'S AUCH** Man kann natürlich auch Sauerkirschen verwenden und den Zuckeranteil nach Geschmack erhöhen. Außerhalb der Saison nimmt man Kirschen aus dem Glas. Statt Rotwein kann man auch Weißwein verwenden. Gut schmeckt auch eine Mischung aus Zwieback und altbackenen Brötchen. Eine cremigere Alternative: 250 g Quark unter den Teig mischen und 25 g Speisestärke hinzufügen.

[a]

DAS IST *wirklich* WICHTIG

**[a] UNTERHEBEN** Erst wenn sich alle Zutaten zu einer homogenen Masse verbunden haben, zieht man das geschlagene Eiweiß, das für Lockerheit sorgt, vorsichtig unter.

**[b] AUSSTREUEN** Nicht nur den Boden, sondern auch den Rand der eingefetteten Springform mit Semmelbröseln ausstreuen, damit sich der Kuchen nach dem Backen gut aus der Form löst.

# PFITZAUF
## *schwäbisches Soufflé*

DER NAME RÜHRT DAHER, DASS DER TEIG BEIM BACKEN SO SCHÖN AUFBRICHT – EBEN AUFPFITZT, WIE MAN IM LÄNDLE SAGT.

**Zutaten für 12 Stück**

- 80 g Butter
- 250 g Mehl
- ½ l Milch
- 4 Eier
- 1 Bio-Zitrone
- Salz
- Butter für die Förmchen
- Puderzucker

**Zeitbedarf**

- 10 Minuten + 10 Minuten ruhen + 40 Minuten backen

**So geht's**

1. Die Butter in einem kleinen Töpfchen zerlassen. Das Mehl in eine Schüssel sieben. Die Hälfte der Milch mit dem Schneebesen einrühren und die Eier hineinschlagen. Die Zitrone heiß abwaschen, trocknen und die Schale fein dazureiben. 1 Prise Salz zufügen und alles gut verrühren. Den Rest der Milch langsam zugeben, zum Schluss die abgekühlte flüssige Butter unterrühren.
2. Den Teig ca. 10 Minuten quellen lassen. Den Backofen auf 200 °C (Umluft 180 °C) vorheizen.
3. Pfitzauf-Formen aus Keramik oder Tassen mit Butter ausstreichen und den Teig hineingießen, sodass die Formen zu ¾ gefüllt sind. In den vorgeheizten Ofen schieben und auf der untersten Schiene ca. 40 Minuten backen. Dabei die Ofentür stets geschlossen halten, sonst fällt der Pfitzauf in sich zusammen und geht nicht wieder hoch.
4. Den fertigen Pfitzauf mit einem spitzen Messer aus der Form lösen, mit etwas Puderzucker bestäuben und heiß servieren.

Dazu schmeckt Kompott, z. B. ein Kirschkompott, sehr gut.

**SO SCHMECKT'S AUCH** **Zwar ist der Pfitzauf ein süßes Hauptgericht, doch lassen sich auch salzige Varianten herstellen. Dafür mit der zerlassenen Butter noch 50 g geriebenen Comté oder Greyerzer Käse, etwas Salz und sehr klein geschnittene Schinkenwürfelchen unter den Teig mischen.**

# DAMPFNUDELN *heiß begehrt*

MIT GOLDBRAUNER KRUSTE UND VANILLESAUCE: DAMPFNUDELN GEHÖREN ZU DEN LIEBLINGSGERICHTEN AUS OMAS KÜCHE.

**Zutaten für ca. 12 Stück**

- ¼ l Milch
- 1 Würfel Hefe (42 g)
- 2 EL Zucker
- 500 g Mehl
- 1 Prise Salz
- 1 Ei
- 1 Eigelb
- 70 g weiche Butter
- abgeriebene Schale von 1 Bio-Zitrone
- 40 g Butter
- 20 g Zucker
- 150 ml Milch

**Zeitbedarf**

- 15 Minuten + ca. 45 Minuten ruhen + 25 Minuten garen

**So geht's**

1. Die Milch erwärmen. 4 EL davon in einer Tasse mit der zerbröckelten Hefe und 1 TL Zucker zu einem Vorteig verrühren. Ein paar Minuten gehen lassen.
2. Das Mehl in eine Schüssel geben, mit dem Vorteig, der restlichen Milch, Salz, restlichem Zucker, Ei und Eigelb zu einem glatten, lockeren Teig verkneten. Die weiche Butter und die abgeriebene Zitronenschale unterkneten. Den Teig mit einem Tuch bedeckt an einem warmen Ort ca. 20 Minuten gehen lassen, bis sich sein Volumen verdoppelt hat.
3. Den Teig auf einer bemehlten Arbeitsfläche ausrollen und Kreise ausstechen [→ a]. Nochmals mit einem Tuch zugedeckt mindestens 15 Minuten gehen lassen.
4. In einem großen, möglichst gusseisernen Topf mit Deckel die Butter schmelzen. Zucker, Salz und Milch zugeben und aufkochen lassen. Die Dampfnudeln hineinsetzen, den Deckel schließen und die Hitze reduzieren [→ b]. Die Flüssigkeit soll nicht mehr kochen. Nach ca. 25 Minuten, wenn es im Topf kräftig zischt, sind die Dampfnudeln fertig. Herausnehmen und heiß servieren.

Dazu schmeckt Vanillesauce und eingemachtes Obst, z. B. Kirschen oder Zwetschgen.

**SO SCHMECKT'S AUCH** **Man kann die Dampfnudeln statt mit Milch und Zucker auch nur mit Wasser und Salz „aufziehen". Dazu passt eine kräftige Weinsauce: 3 Eigelbe in einem Topf schaumig rühren und erwärmen, 2 EL Zucker, den Saft von 1 Zitrone und nach und nach 400 ml Weißwein zugeben und erhitzen, ohne zu kochen. 3 Eiweiße steif schlagen und kurz vor dem Servieren unterheben.**

[a]

[b]

DAS IST *wirklich* WICHTIG

**[a] AUSSTECHEN** Mit einem Glas oder einer Tasse lassen sich aus dem Teig ganz einfach gleichmäßig große Dampfnudeln ausstechen. Teigreste verkneten, kurz warm stellen und ebenfalls verwenden.

**[b] GAREN** Die Dampfnudeln in die heiße Flüssigkeit setzen, mit einem Deckel dicht verschließen, damit sich der Dampf entwickeln kann. Den Deckel zwischendurch keinesfalls öffnen. Wenn die Flüssigkeit verkocht ist, bildet sich an der Unterseite der Dampfnudeln, da, wo sie den Topfboden berühren, eine goldbraune Kruste.

DAS IST *wirklich* WICHTIG

**[a] JOHANNISBEEREN** haben nur kurz Saison. Nutzen Sie die Zeit, um diesen feinen Kuchen zu backen, der vor allem mit vollreifen Beeren besonders gut schmeckt. Die Träuble lassen sich mit den Fingern oder auch mit einer Gabel von den Rispen streifen.

[a]

# TRÄUBLESKUCHEN
## *mit Haselnüssen*

DIESER FEINE MÜRBTEIGKUCHEN WIRD MIT ROTEN JOHANNISBEEREN GEFÜLLT, DIE MAN IM SCHWÄBISCHEN LIEBEVOLL „TRÄUBLE" NENNT.

### Für 1 Springform (Ø 26 cm)

- 250 g Mehl
- 120 g weiche Butter
- 70 g Zucker
- 1 Prise Salz
- 1 Ei
- ½ Päckchen Backpulver
- Butter für die Form
- 1 – 2 EL Semmelbrösel
- 700 g rote Johannisbeeren
- 4 Eier
- 120 g Zucker
- 2 Scheiben geriebener Zwieback
- 4 geh. EL gem. Haselnüsse oder Mandeln
- 100 g saure Sahne

### Zeitbedarf

- 30 Minuten + 50 Minuten backen

### So geht's

1. Aus Mehl, Butter, Zucker, Salz, Ei und Backpulver einen Mürbteig kneten. Den Teig in eine gut ausgefettete Springform füllen, mit der Hand auf dem Boden verteilen und einen Rand hochziehen. Den Boden mit Semmelbröseln dünn bestreuen.
2. Den Backofen auf 180 °C (Umluft 160 °C) vorheizen. Die Johannisbeeren waschen, trocken tupfen und die Beeren von den Stielen streifen [→ a].
3. Die 4 Eier trennen. Die Eigelbe schaumig rühren, die Eiweiße zu Schnee schlagen. Unter die Eigelbe den Zucker, die Zwiebackbrösel, die Nüsse und die saure Sahne ziehen und gut vermischen. Den Eischnee und die Johannisbeeren mit einem Teigschaber unter die Masse heben.
4. Die Masse in die Springform füllen und den Kuchen auf der untersten Einschubleiste im Ofen ca. 50 Minuten backen.

### Die Variante

250 g Johannisbeeren waschen und von den Rispen streifen, mit 40 g Zucker bestreuen und durchziehen lassen. 300 g Mehl mit 2 TL Backpulver mischen. 2 Eier mit 60 g Puderzucker, 200 ml Milch und 80 g zerlassener Butter vermischen. Mehl und Backpulver unterheben, zum Schluss die Johannisbeeren. In Muffinförmchen (am besten aus Silikon) füllen und ca. 20 Minuten backen. Nach Belieben aus 2 Eiweiß und 80 g Zucker eine Eischneemasse schlagen, auf die Muffins geben und die letzten 10 Minuten mitbacken.

**FÜR VIELE GÄSTE** die Mengenangaben einfach verdoppeln, ein tiefes Backblech mit dem Teig auskleiden und die Johannisbeermasse darauf verteilen.

# APFELKUCHEN
## *gedeckt und mit Rosinen*

STREUOBSTWIESEN LIEFERN UNMENGEN AN ÄPFELN. DARAUS LASSEN SICH NICHT NUR SAFT ODER MOST MACHEN, SONDERN AUCH FEINE KUCHEN.

**Für 1 Springform (Ø 30 cm)**

- 300 g Weizenmehl
- 1 TL Backpulver
- 150 g Zucker
- 1 Päckchen Vanillezucker
- 150 g kalte Butter
- 2 EL Milch
- 1 Ei (Größe L)
- 1,5 kg säuerliche Äpfel
- 1 Bio-Zitrone
- 1 TL Zimt
- 60 g Sultaninen
- 20 ml Rum
- Butter für die Form
- 80 g Butter
- 60 g Zucker

**Zeitbedarf**
- 40 Minuten +
  1 Stunde ruhen +
  40 Minuten backen

**So geht's**

1. Aus Mehl, Backpulver, 100 g Zucker, Vanillezucker, Butter in kleinen Stückchen, Milch und Ei einen Mürbteig kneten. In Frischhaltefolie wickeln und 1 Stunde im Kühlschrank ruhen lassen.
2. In der Zwischenzeit die Äpfel schälen und das Kerngehäuse entfernen. Die Äpfel vierteln und in feine Blättchen schneiden. Die Zitrone heiß waschen, trocknen, die Schale abreiben und für den Guss beiseitestellen. Die Zitrone auspressen. In einer Schüssel die Äpfel mit Zitronensaft, Zimt, Sultaninen, Rum und 50 g Zucker mischen und 20 Minuten ziehen lassen **[→ a]**.
3. Den Teig halbieren und beide Hälften rund ausrollen. Dabei sollte eine Hälfte rundum ca. 4 cm größer sein als die Springform. Den Backofen auf 200 °C (Umluft 180 °C) vorheizen.
4. Eine Springform mit Butter ausstreichen und die größere Teigplatte hineinlegen. Die Apfelmischung darauf verteilen, den überstehenden Teigrand einschlagen. Die kleinere Teigplatte auf die Äpfel legen.
5. Für den Guss die Butter schmelzen, Zitronenschale und Zucker dazugeben und den Kuchen damit bestreichen **[→ b]**. Im Backofen ca. 40 Minuten backen.

**SO SCHMECKT'S AUCH** **Wer mag, mischt unter die Apfelmasse noch 40 g Mandelblättchen. Das ausgekratzte Mark einer Vanilleschote, in etwas Milch oder Sahne aufgelöst, gibt zusätzlich feinen Geschmack.**

## DAS IST *wirklich* WICHTIG

**[a] DURCHZIEHEN** Die Zitrone in der Marinade verhindert, dass die Äpfel braun werden, und durch Rum und Zimt werden sie besonders aromatisch.

**[b] BESTREICHEN** Der Teigdeckel, durch den der Kuchen besonders saftig bleibt, bekommt durch die Buttermischung eine feine, süß-zitronige Note.

# BÄRENTATZEN *mit Nüssen*

WENN'S AUF WEIHNACHTEN ZUGEHT, BACKEN DIE SCHWABEN IHRE TRADITIONELLEN „GUTSLE". BÄRENTATZEN GEHÖREN STETS DAZU.

**Zutaten für ca. 30 Stück**

- 3 Eiweiß
- 125 g dunkle Kuvertüre
- 250 g gemahlene Mandeln oder Haselnüsse
- 170 g Zucker
- Schale von ½ Bio-Orange
- ½ TL Zimt
- 1 Prise Piment
- 3 TL Kakao
- Zucker für die Formen

**besonderes Werkzeug**

- Bärentatzen-Förmchen

**Zeitbedarf**

- 40 Minuten + ca. 12 Stunden ruhen + 10 Minuten backen

**So geht's**

1. Die Eier trennen, die Eigelbe anderweitig verwenden. Die Eiweiße mit dem Schneebesen oder dem Handrührgerät steif schlagen.
2. Die Kuvertüre fein hacken und in einer Schüssel mit den Nüssen mischen. Zucker, abgeriebene Orangenschale, Zimt, Piment und Kakao dazugeben und vermengen. Zum Schluss den Eischnee unterheben.
3. Die Bärentatzen-Förmchen (am besten aus Silikon, in jedem Haushaltswarengeschäft erhältlich) mit Zucker ausstreuen. Mit einem Teelöffel kleine Nocken aus der Masse ausstechen und in die Tatzenform drücken. Vorsichtig wieder herauslösen und auf ein mit Backpapier ausgelegtes Blech setzen. Bei Zimmertemperatur einige Stunden, am besten über Nacht, antrocknen lassen.
4. Die Bärentatzen im auf 180 °C (Umluft 160 °C) vorgeheizten Backofen ca. 10 Minuten backen. Nach dem Abkühlen in einer Blechdose aufbewahren, Pergamentpapier zwischen die einzelnen Schichten legen. Die Bärentatzen kühl lagern, sie entfalten ihren vollen Geschmack erst nach ca. 2 Wochen.

**SO SCHMECKT'S AUCH** Die fertigen Bärentatzen kann man nach Belieben am hinteren Ende in geschmolzene Zartbitter-Kuvertüre tauchen.

# BUTTER-S
## *mit Hagelzucker*

ES GIBT OMAS, DIE ERZÄHLEN, DASS SCHON IHRE UROMAS DIESE BUTTER-S IM NOVEMBER GEBACKEN HÄTTEN. UND DANACH GUT VERSTECKT...

**Zutaten für ca. 60 Stück**

- 1 Bio-Limette oder ½ Bio-Zitrone
- 250 g weiche Butter
- 400 g Mehl
- 3 Eigelb
- 100 g Puderzucker
- 1 Prise Salz
- 1 Eiweiß
- 50 g Hagelzucker

**Zeitbedarf**

- 45 Minuten +
  12 Minuten backen

**So geht's**

1. Die Limette oder Zitrone heiß waschen, trocknen und die Schale fein abreiben. Aus Butter, Mehl, den Eigelben, Puderzucker, etwas Salz und der abgeriebenen Limettenschale einen homogenen Mürbteig kneten. In Frischhaltefolie wickeln und 1 Stunde im Kühlschrank ruhen lassen.
2. Den Teig in 5 Portionen teilen und jeweils zu Rollen formen. Jede Rolle in 10–14 Scheiben (je nach gewünschter Größe) schneiden. Jede Scheibe zuerst zu einem Röllchen und dann zu einem „S" formen.
3. Das Eiweiß mit einer Gabel in einer Tasse aufschlagen. Den Hagelzucker in einen tiefen Teller geben. Ein Backblech mit Backpapier auslegen. Den Backofen auf 190 °C (Umluft 170 °C) vorheizen.
4. Die Plätzchen mit Eiweiß bestreichen und einzeln mit der bestrichenen Seite auf den Hagelzucker legen.
5. Die Plätzchen mit der Zuckerseite nach oben auf das Backblech setzen. In etwa 10–12 Minuten (abhängig von der Größe) hellbraun backen, darauf achten, dass sie nicht zu dunkel werden. Nach dem Abkühlen in gut schließenden Blechdosen aufbewahren, damit sie nicht austrocknen.

**SO SCHMECKT'S AUCH** **Man kann die Butter-S statt mit Eiweiß auch mit Eigelb bestreichen, das mit etwas Kondensmilch verdünnt wird.**

# NONNENFÜRZLE
## *feine Krapfen*

DIESE KLEINEN, LUFTIGEN BRANDTEIGKRAPFEN SIND NICHTS „ANRÜCHIGES“, SONDERN EIN TRADITIONELLES FASNET-GEBÄCK.

**Zutaten für 4 Portionen**

- 400 ml Milch
- 1 Prise Salz
- 100 g Butter
- 250 g Mehl
- 4 Eier
- ½ TL Backpulver
- 1 l Pflanzenöl zum Ausbacken
- etwas Puderzucker

**Zeitbedarf**
- 25 Minuten

**So geht's**

1. In einem Topf die Milch zusammen mit dem Salz und der Butter erhitzen und zum Kochen bringen. Den Topf vom Herd ziehen, das Mehl auf einmal zur Milch geben und den Topf gleich wieder auf die Herdplatte stellen. Bei mittlerer Hitze unter ständigem Rühren mit einem Kochlöffel oder mit dem Schneebesen die Masse so lange abrühren, bis sich ein Teigkloß bildet, der sich vom Topfboden lösen lässt **[→ a]**.
2. Den Topf erneut vom Herd nehmen. Die Eier einzeln aufschlagen und eines nach dem anderen unter den Teig rühren. Zum Schluss das Backpulver untermengen.
3. In einer tiefen Pfanne oder in einer Fritteuse das Öl auf ca. 180 °C erhitzen. Wenn sich am Stiel eines Kochlöffels kleine Bläschen bilden, dann ist das Öl heiß genug. Mit 2 Teelöffeln aus dem Teig kleine Nocken abstechen, ins Öl geben und ca. 2 Minuten goldgelb ausbacken **[→ b]**. Man kann den Teig auch in eine Spritztüte füllen und portionsweise ins Öl drücken.
4. Die Nonnenfürzle mit einem Schaumlöffel herausheben und auf Küchenpapier entfetten. Mit Puderzucker bestäuben und sofort servieren.

Passen als Kaffeegebäck und schmecken auch sehr gut zu Kompott oder Vanillesauce.

**NONNENFÜRZLE** **Der Name hat mittelhochdeutschen Ursprung und bedeutet „von den Nonnen am besten zubereitet“. Statt eines „t“ hat sich aber im Lauf der Zeit ein „z“ eingeschlichen ...**

[b]

## DAS IST *wirklich* WICHTIG

**[a] BRANDTEIG** heißt dieser Teig, weil er auf der Herdplatte kräftig abgerührt, „abgebrannt“ werden muss, bis sich ein Kloß bildet und am Topfboden eine weiße Haut absetzt.

**[b] AUSBACKEN** Die Nonnenfürzle nicht zu groß formen, sonst sind sie außen schon kross und innen noch nicht durchgebacken. Ein Durchmesser von ca. 2 cm ist ideal.

[a]

# REZEPTREGISTER

# THEMENREGISTER

# Vielfalt pur.
## *Kochen und Genießen.*

Rose Marie Donhauser
**Draußen genießen**

160 S., ca. 120 Abb., €/D 19,95
ISBN 978-3-440-12588-5

### *Sommerfeste, Grillen & Picknick*

So schmeckt der Sommer! Ob gemütlicher Brunch auf dem Balkon, Picknick im Grünen, Grillparty oder Sommerfest mit Freunden im Garten – es finden sich viele Anlässe, unter freiem Himmel zu schlemmen. Und für alle Gelegenheiten gibt es die geeigneten kulinarischen Begleiter: unkomplizierte Rezepte, die gut vorzubereiten sind, mit allem, was diese Jahreszeit zu bieten hat – am besten gartenfrisch geerntet oder vom Wochenmarkt.

**www.kosmos.de/essen_und_trinken**

# AKTEURE

**Matthias Mangold** geborener Franke, angelernter Schwabe, gefühlter Kalifornier, hat, nach Münchner Zwischenjahren, seine Genussheimat in der Pfalz gefunden. Der Journalist, studierter Philosoph und Historiker, gründete 2003 sein Unternehmen „genusstur“. In seinem 300 Jahre alten Anwesen veranstaltet er Kochkurse, Weinseminare und kulinarische Firmen-Incentives. Er ist Mitglied in vielen Verkostungsjurys, hat mehrere Kochbücher und Weinführer veröffentlicht und steht für eine bodenständige, aber überraschende Küche mit Ausflügen ins Mediterrane und Asiatische.

**Michael Schinharl** Der renommierte Stillife-Fotograf machte sich nach längeren Aufenthalten in Frankreich und Italien in München selbstständig und arbeitet dort für Agenturen und Verlage. Seine Leidenschaft für das Kulinarische brachte ihn seit dem Jahr 2000 verstärkt dazu, als Food-Fotograf tätig zu sein. Bei der Produktion dieses Buches wurde er von **Kristina Babics** unterstützt.

**Hans Gerlach** hat die Gerichte verführerisch in Szene gesetzt. Der gelernte Koch und Architekt ist seit 1991 als Foodstylist, Rezeptentwickler und Kolumnist tätig und Autor zahlreicher Kochbücher. Mit am Herd stand bei der Entstehung dieses Buches **Alexander Kühn**.

**Natascha Sanwald** ist für Ausstattung und Requisite verantwortlich. Seit vielen Jahren arbeitet sie als Stylistin für Wohn- und Einrichtungsmagazine.

Der Verlag dankt folgenden Unternehmen für die Unterstützung dieses Buchprojekts:

- 1260 GRAD, München, www.1260grad.de
- Kustermann, München, www.kustermann.de
- Radspieler, München, www.radspieler.de
- Landparty, München, www.landpartiemuenchen.com
- Susanne Reichart Wohndesign „die 4 Jahreszeiten“, Deisenhofen
- Alte Weinstube Göhner, Tübingen, www.alteweinstubegoehner.de

# IMPRESSUM

Mit 119 Farbfotos von Michael Schinharl

Umschlaggestaltung von Gramisci Editorialdesign, München, unter Verwendung eines Fotos von Michael Schinharl

Rezepte, Geling-Tipps, Infos zum KOSMOS-Kochbuch-Programm und vieles mehr unter **www.kosmos.de/gut-gekocht**

Unser gesamtes lieferbares Programm und viele weitere Informationen zu unseren Büchern, Spielen, Experimentierkästen, DVDs, Autoren und Aktivitäten finden Sie unter **www.kosmos.de**

Gedruckt auf chlorfrei gebleichtem Papier



ISBN 978-3-440-12587-8

Projektleitung und Lektorat: Dr. Eva Eckstein
Gestaltungskonzept und Layout: Gramisci Editorialdesign, München
Satz: Atelier Krohmer, Dettingen/Erms
Produktion: Eva Schmidt
Printed in Germany / Imprimé en Allemagne

FSC www.fsc.org MIX Papier aus verantwortungsvollen Quellen FSC® C004592